日月星辰

不起的汉字

刘玉美◎著

明天教室阿恒、韦洁彬◎绘

天地出版社 | TIANDI PRESS

图书在版编目（CIP）数据

了不起的汉字. 日月星辰 / 刘玉美著. —成都：
天地出版社，2024.1
ISBN 978-7-5455-6909-4

Ⅰ.①了… Ⅱ.①刘… Ⅲ.①汉字—儿童读物 Ⅳ.
①H12-49

中国版本图书馆CIP数据核字（2021）第278169号

LIAOBUQI DE HANZI·RIYUE XINGCHEN
了不起的汉字·日月星辰

出 品 人　陈小雨　杨　政
监　　制　陈　德
作　　者　刘玉美
策划编辑　凌朝阳　王　敏
责任编辑　凌朝阳　王　敏
责任校对　张月静
美术编辑　曾小璐
插图绘制　阿　恒　韦洁彬
营销编辑　李　昂
责任印制　刘　元

出版发行　天地出版社
　　　　　（成都市锦江区三色路238号　邮政编码：610023）
　　　　　（北京市方庄芳群园3区3号　邮政编码：100078）
网　　址　http://www.tiandiph.com
电子邮箱　tianditg@163.com
经　　销　新华文轩出版传媒股份有限公司

印　　刷　天津融正印刷有限公司
版　　次　2024年1月第1版
印　　次　2024年1月第1次印刷
开　　本　710mm×1000mm 1/16
印　　张　11
字　　数　176千字
定　　价　35.00元
书　　号　ISBN 978-7-5455-6909-4

序 言

汉字是中华民族的语言符号，记录了中华民族的社会、文化活动和艺术创作等；汉字是中华文化的传播者，将中华文化的种子传于内，播于外。另外，汉字还蕴含着中华民族的思维方式和表达方式。由此可见，小小的汉字承载了丰富的人文智慧和哲学思想。

那么，如何从汉字中汲取文化营养进而提升自身素养呢？本丛书把日常生活中的天文、地理自然现象和动植物等，分成《日月星辰》《山川河流》《鸟兽鱼虫》《花草树木》四册。每册又精选出高频常用、造字理据强、有丰富文化内涵的汉字，并以这些汉字为原点，通过"汉字有故事""汉字有源头""汉字有传承""汉字有艺术""汉字有经典"五个模块，由表及里来展现汉字中蕴含的思维方式和文化基因，探寻多学科融合的新路径。由此，呈现出如下与众不同的特色：

1. 复盘造字场景，分析造字意图

通过"汉字有源头"追根溯源，将造字的场景进行复盘式描述，梳理出汉字来源和字义发展的脉络，让小读者们从知其然，到知其所以然，从而更深入地感受汉字的魅力。

2. 以汉字为基点，建构大语文框架

以"汉字有故事"为序幕、"汉字有传承"为主场来演绎古代神话、传说、寓言、历史故事等，再加之"汉字有经典"，共同构筑以中华文化为核心的大语文知识体系。

3. 赏析传统艺术之美，培育艺术素养

通过解读传统绘画、书法、器物、建筑等艺术作品，让小读者们感受传统艺术的魅力，体悟传统艺术的精神，提升艺术审美能力与品位，进一步开阔文化艺术领域的视野。

4. 打破学科界限，构筑整体思维模式

围绕一个核心汉字，展开与之相关的历史、民俗、文学、艺术等，将多学科内容无缝对接，让小读者们形成由点到面的联想能力，进而建立用整体思维的方法来认知事物、分析问题的思维模式。

《了不起的汉字》以汉字为钥匙，希望在勾勒汉字独特的逻辑思维图示和再现博大精深的中华文化的同时，为小读者们打开一扇广阔而奇妙的中华文化之门。

目录

日出东方

【谜语】

画时圆，写时方；
冬天短，夏天长。

（打一字）

汉字有故事

后羿射日

    传说，很久很久以前，在东方的扶桑树上住着十个太阳，他们是天帝帝俊与羲和的孩子。每天早上都会有一个太阳驾车从东方出发，穿越天空，给大地带来光明和温暖，使万物得以繁衍生息；晚上这个太阳再从西方落下，让大地和万物得到短暂的休息。人们日出而作，日落而息，就这样，一天天、一年年、一代代过着规律而幸福的生活。

    但是，时间长了，太阳们厌倦了一人一天轮流值班的规则，他们觉得每天只有一人出现在空中，真是太孤单了。这一天，十个太阳一商量，就一起出现在了天空中。十个太阳的光芒一同照向大地，把大地炙烤得一片焦裂。森林失火，河流干涸，植物枯萎，动物逃离，人们失去了食物，陷入灾难之中。这时，神箭手后羿为了拯救人类和万物，抽出九支神箭，射下了九个太阳。最后，天空中

只留下了一个太阳，人们又恢复了正常的生活。太阳每天从东方升起，至西方落下，照亮大地，滋养万物生生不息。

汉字有源头

甲骨文　　　金文　　　小篆　　　楷书

　　甲骨文的"日"字，就像一个圆圆的太阳，中间的一点常常刻成一条短线，表示太阳的光线，所以，"日"就是太阳。太阳早上从东方升起，晚上到西方落下，走过的这段时间就是**一日**，也就是我们常说的一天。能见到太阳的时候就是**白昼**，也就是**白日**。正在过的白天是**今日**，今日之前的一天是**昨日**，今日之后的一天是**明日**，一年有365日，因此，"日"又指时间。

　　某个人于某一天出生，这一天就是他的**生日**，这个特别的日子是他人生中的一个**纪念日**。

　　"日"还可以与其他的字一起组成许多新的汉字，如：**星**，表示宇宙中能发光或反射光的星体；**晶**，由三个"日"组成，表示许多的星星，在夜晚一闪一闪亮晶晶；**早**，指太阳刚出来的时候，也就是清晨；**晚**，是指太阳落山时、傍晚时分。这些汉字中都有一个"日"字，叫作**日字旁**。

4

绕梁三日

　　传说，战国时期，一位叫韩娥的女子要去齐国。她因缺少盘缠在城门口卖唱。她的歌声十分美妙动听，深深地打动了每一位听众的心，让人回味无穷。过了三天，人们好像还能听到她的歌声在房梁间飘荡萦绕。

　　她去一家旅店投宿，旅店的人羞辱她，她十分伤心，在街上边走边哭，声音悲凉又痛苦。听到这哭声，人们也一下子变得伤心哀怨，吃不下饭。店主找到韩娥，把她请回来，向她赔礼道歉。韩娥接受了道歉，心情也好了起来，就唱了一首欢乐的歌。歌声悠远而绵长，人们听了，心情一下子欢快起来，欣喜之际，还随着节拍跳起了舞，以前的愁苦悲伤全都烟消云散了。

　　后来，人们就用"绕梁三日"来形容歌声和音乐高昂激荡，充满独特的艺术魅力，让人回味无穷。

飞旋的太阳神鸟

　　"太阳神鸟"是什么东西呢？在四川成都金沙遗址博物馆有一件金箔制作的太阳神鸟金饰，它是金沙遗址博物馆的镇馆之宝。

　　这件太阳神鸟金饰，是商代晚期（距今3000多年）的金饰品，它看起来像一个圆环，又像一把团扇。上面有简洁清晰的镂空图案，图案有里外两层：里层的图案像是一个旋涡，旋转出十二条齿状的光芒，均匀地排列在周围，那是太阳的形象；外层的图案由四只首足相接的飞鸟组成，它们朝着一个方向飞行，与里层旋涡的方向相反，周而复始，循环往复。

　　考古学家认为这个图案是古蜀人的部落图腾，这件金饰是用来祭祀太阳的，表达了人们对万物绵延不绝、生机勃勃的赞美，以及对光明的向往。

　　这件太阳神鸟金饰像一幅剪纸，线条简洁流畅，充满动感。它不仅造型优美，体现了非凡的艺术创造力与想象力，而且工艺水平精湛，代表着当时古蜀国黄金工艺的最高水平。2005年，太阳神鸟被定为中国文化遗产标志。2013年，国家文物局将太阳神鸟金饰定为禁止出国展览的文物。

◀ 商周太阳神鸟金饰

汉字有经典

绝句二首

［唐］杜甫

其一

迟日①江山丽，春风花草香。

泥融飞燕子，沙暖睡鸳鸯。

其二

江碧鸟逾白，山青花欲燃。

今春看又过，何日②是归年。

① 日：太阳。
② 日：日子。

【译文】

其一：

　　春日映照下的山河秀丽多姿，阵阵春风送来花草的芳香。冰雪消融，泥土松软，燕子忙着衔泥筑巢，鸳鸯成双成对，在温暖的沙堆上睡得正香。

其二：

　　在碧绿江水的衬托下，水鸟的羽毛愈发洁白，在青翠山岭的映衬下，花朵鲜艳得像要燃烧起来。今年的春天眼看就要过去了，什么时候才是我回家的日子？

十五月儿圆

【谜语】

明日要出去。

（打一字）

汉字有故事

嫦娥奔月

后羿射下了九个太阳，拯救了万物，昆仑山上的西王母为了奖赏后羿，送给他一粒仙药。人吃了这种药，不但能长生不老，还可以升天成仙。可是，后羿不愿意离开妻子嫦娥一个人去天宫，就将仙药交给嫦娥，让她将仙药藏在百宝匣里。

后羿有一个叫逢（páng）蒙的弟子，非常贪婪，一直想要偷取仙药，让自己长生不老。

八月十五这天，后羿带弟子外出，逢蒙假装生病留了下来。等后羿一众走后，他逼迫嫦娥交出仙药。嫦娥不答应，逢蒙便开始自己翻箱倒柜地寻找。眼看逢蒙就要找到百宝匣了，嫦娥心想，如果让逢蒙这样的恶人吃了仙药，长生不老，不是会害了更多的人吗？想到这儿，嫦娥赶紧打开百宝匣，把仙药拿出来，放进嘴里吞了下去。

吃了仙药，嫦娥就飘飘悠悠地飞了起来。她飞出了窗户，飞过了洒满银辉的郊野，越飞越高，一直朝着月亮飞去。这时，后羿回来了，看见嫦娥飞向月亮，就急忙去追，可怎么也追不上，只能眼睁睁地看着嫦娥飞到月亮上去了。

一天天过去了，一年年过去了，嫦娥始终没有回来。后羿和乡亲们都很想念嫦娥，每年八月十五的晚上，都会在院子里摆上她平日爱吃的食物和水果，遥望着缓缓升起的圆圆明月，为她祝福。后来，八月十五就成了人们期盼团圆的中秋佳节。

汉字有源头

甲骨文　　　金文　　　小篆　　　楷书

我们看到的月亮，只有农历每月的十五或者十六才是最圆的，其他的时候不是刚刚圆过，就是正在变圆的路上。由于月亮多数时候是弯弯的形状，所以甲骨文的"月"就是一弯新月的样子，那中间的一点就是月光。

月亮圆了又缺，缺了又圆，这样从圆到缺，再从缺到圆，差不多要经过三十天的时间，人们把这样一个轮回称为一个月，一年有十二个月。所以，"月"又有日期的意思，如**正月**、**七月**；按月发的工资，叫**月薪**；每月按时出版发行的期刊，叫**月刊**。

后来，人们就用"月"来形容形状像月亮的东西。像月亮一样的圆形门，叫**月亮门**；有一种弹拨乐器，它的音箱像月亮一样圆，所以叫作**月琴**；像月亮一样圆、中间有馅、中秋节时吃的饼，叫**月饼**。

月字还可以作偏旁，与其他汉字一起组成新的汉字，如朗、望、期、朔、朝、朦、胧。但是，还有很多月字旁的字跟月亮一点儿关系都没有，像脸、胳膊、腿等。这是为什么呢？原来这些字都和"肉"有关，"肉"和"月"的篆文写法很像，人们把"肉"错写成了"月"，时间一长，也就将错就错，肉字旁就变成了月字旁。

汉字有传承

月亮的别名多又多

白天有太阳为大地带来光明和温暖，夜晚有月亮与大地相伴。人们仰望夜空，那时圆时缺的月亮总能让人产生无限的遐想，于是，人们给它起了很多名字，为它写了无数诗篇。

有人叫它**太阴**，唐代诗人张祜（hù）在《中秋夜杭州玩月》里写道："万古太阴精，中秋海上生。"与太阳相比，月亮是阴柔的，它的光线是暗淡的、朦胧的，所以，月亮又被称为太阴。

李白则把月亮称为**玉盘**，"小时不识月，呼作白玉盘。又疑瑶台镜，飞在青云端"（《古朗月行》），说月亮像晶莹剔透的玉盘，又像瑶台中仙人的明镜，挂在空中，是那样温润而美丽。

宋代的大文豪苏轼把月亮叫作**婵娟**，"但愿人长久，千里共婵娟"（《水调歌头·明月几时有》），意思是希望人们能平平安安、长长久久地在一起，即使相隔千里，也能一起欣赏这皎洁美好的明月。

还有人把它叫作玉兔、夜光、冰轮、玉轮、玉弓、玉桂、玉钩、玉镜、冰镜……简直是每个人心中都有一个月亮。

汉字有艺术

阿细跳月

　　阿细是我国少数民族彝族的一个分支。阿细跳月源于"阿细跳乐"，因多在月光下的篝火旁起舞，故又名"阿细跳月"。传说，很久以前，彝族人过着刀耕火种的生活，每到播种的时候，他们为了抢时间，常常不等烧荒的火星熄灭，就光着脚板在田地里劳动，被烫了脚，就抬起来跳两下。后来，人们在这种跳跃的基础上又增加了一些动作，逐渐形成了一种休闲娱乐舞蹈。

阿细跳月一般是男女对舞，舞蹈的基本动作是左右晃身、摆胯。男子斜挎一个又大又重的三弦，也有的是吹着笛子，边吹弹，边跳舞；女子则和着节拍，边跳边拍掌。有的手拉手围成一个圆圈，左右摇摆，拍手跺脚，旋转而舞，节奏十分欢快。也有的排成两大横排，忽而前进，忽而后退，如潮涨潮落。双双对舞后，依次散开，像渠水一样分流而去。整个舞蹈旋律热情奔放，大幅度的跳动和变化鲜明的队形，烘托出热烈的气氛，具有浓烈的民族风情。

汉字有经典

望月怀远

〔唐〕张九龄

海上生明月，天涯共此时。
情人怨遥夜，竟夕起相思。
灭烛怜光满，披衣觉露滋。
不堪盈手赠，还寝梦佳期。

【译文】

海面上升起了一轮皎洁的明月，我们虽然天各一方，却共赏同一个月亮。多情的人们怨恨这漫漫的长夜，相思之情让他们彻夜难眠。吹灭蜡烛，怜爱这满屋的月光，披衣在月光下漫步，深感夜露寒凉。既然不能把这美丽的月光捧给你，还不如快点入睡，与你在梦中欢聚。

云卷云又舒

汉字有故事

孙悟空学翻筋斗云

望着天空中飘来荡去的云朵，人们总会展开无边无际的想象：如果能腾云驾雾，在天空中自由地飞行，该多么快乐！这种驰骋的遐想，在《西游记》中的孙悟空身上实现了。

孙悟空曾拜菩提祖师为师，向他学习各种技能。在学会七十二般变化之后，孙悟空又开始学习腾云驾雾。刚学习没

几天，孙悟空就想试试自己的本领，他翻了几个筋斗飞到天上，但很快又翻了回来，来去只有三里路。

孙悟空不满意，便恳求菩提祖师传授他能日游四海的方法。见孙悟空态度诚恳，菩提祖师就将筋斗云的口诀以及驾驭云彩的技巧都教给了他。得到菩提祖师的真传后，孙悟空勤学苦练，很快就学会了，一个筋斗能翻十万八千里。从此以后，他将云踩在脚下，只要念起口诀，哪怕想去的地方远在天边，也能转眼就到。这成了后来他去西天取经途中降妖除魔的制胜法技之一。

汉字有源头

| 甲骨文 | 金文 | 小篆 | 繁体楷书 | 简体楷书 |

云是什么样子的，它好像没有形状，又好像什么形状都有，一会儿像一群白羊，一会儿像一团棉花糖。古人照着天上云的样子，画出了甲骨文的"云"字，表示**云彩**。

现在我们知道，云是水汽上升遇到冷空气凝结成微小的水珠，成团地在空中飘浮形成的。像天空中的云一样从各处聚集在一起，那是**云集**。而像云一样行踪不定，到处漫游，可以说是**云游四海**。

后来，"云"被借用来表示"说"的意义，如**人云亦云**、**不知所云**。为了区别，人们给天空中的云加上了雨字头，写作"雲"，现在又简化成了"云"。

另外，"云"还是云南省的简称。

汉字有传承

云中君是什么样？

传说，天上有专门掌管天气变化的神：掌管下雨的神，叫雨师；掌管刮风的神，叫风伯；掌管雷电的神，叫雷神；他们还有一个最重要的搭档——云神，也就是云中君。

在先秦时期的神话中，云中君就已经出现了，只不过那时被称为屏翳、丰隆等，名称不统一。

最早描述云中君的是大诗人屈原。在他的《九歌》中，云中君这位天神，每天用兰花水沐浴，身体散发着芳草的香气；其衣多姿多彩，跳起舞

来，散发着迷人的光芒。平时，云中君会乘坐插有象征五方之帝旗帜的龙车，在天空中漫游，巡视四方；心情好的时候，还会化作一阵轻风，升到高空中俯视九州大地。

这样的云中君，给人们留下了无限的遐想。但是，创作《云中君》时，屈原被驱逐流放到沅湘一带，忧国忧民的他，怎么还能写出这样华彩的诗篇呢？其实，他是借描写云中君的风姿，赞扬云中君的高洁与尊贵，来表达自己对云中君美好情操的向往之情。

飘飘云纹像什么？

云彩给了我们无穷的想象，人们用它来装点生活，在各种各样的服装、各色各式的器皿，甚至高高大大的建筑上，我们都可以看到云纹。

在很早之前，人们用的彩陶上就出现了云纹。到了汉代，云气纹、卷云纹、云兽纹等纷纷出现，它们有的是生动形象的自然云朵，有的则很抽象，需要我们充分发挥想象才可以看出云朵的样子。

◀ 玉螭凤云纹璧

这件战国时期的玉螭凤云纹璧上的云纹，就是勾云纹。上面的钩钩云排列整齐，正反两面各有六圈。如果你仔细看就会发现，这些钩钩云各不相同，各有特色，古朴而富有童真，虽然铺满了玉璧，但整体看起来活泼而不拥挤。

这件斗彩灵云纹杯，因上面的团形灵芝的图案看起来像一团祥云而叫作"灵云杯"。

云纹象征着吉祥如意，自古就备受人们的喜爱，装饰在许多器物上。而且，每个器物上的云纹，因制作年代、制作人不同，各具特色，各有风采。

◀ 斗彩灵云纹杯

汉字有经典

独坐敬亭山

［唐］李白

众鸟高飞尽，孤云独去闲。
相看两不厌，只有敬亭山。

【译文】

鸟儿们飞得越来越高，慢慢地消失在天边，天空中只剩下一朵白云悠闲地飘来飘去。我和敬亭山对视着，谁都看不够，看来只有敬亭山和我惺惺相惜了。

他带来了清风

风

汉字有故事

两袖清风

古代官员的衣服通常是宽袍大袖，看起来飘逸潇洒，穿起来也很方便，银两、诗词文章等都可以藏在袖中的小口袋里，银两方便日常使用，诗词文章可以随时拿出来交流吟诵。

明朝著名的官员、诗人于谦，非常清廉。当时，有的地方官员进京，会从老百姓那里搜刮钱财宝物和土特产，献给朝中权贵，于谦进京却不带任何礼品。同僚劝他不妨随大流，他却举起空空的衣袖，风趣地说："我带来了两袖清风！"

为此，他写了一首诗《入京》："绢帕蘑菇与线香，本资民用反为殃。清风两袖朝天去，免得闾阎话短长。"意思是绢帕、蘑菇、线香这些东西，本来是供老百姓生活所用的，却因官吏的征调搜刮，成了百姓的祸殃。我去京城朝见天子只带了两袖清风，免得让老百姓说闲话。

后来，"两袖清风"就成了官员廉洁的代名词。

汉字有源头

甲骨文　　金文　　小篆　　繁体楷书　　简体楷书

甲骨文的"风"，像 只头上戴着高高工冠，身上披着花翎，拖着长长尾巴的大鸟。是不是很像凤凰？对，它与"凤"原本就是同一个字！这是怎么回事呢？

原来，古人不知怎么描画这种看不见、摸不着，无时不在、无处不有的东西，看到飞鸟展翅飞翔可以带动气流，就用"凤"这种神鸟来代表风。到了金文时，凤字的尾羽部分变化较大，像尾羽图案；小篆时，凤的字形简省化，变成了"凡"和"虫"的组合；隶变后，楷书里将它写作"風"；汉字简化后写作"风"。

风是由气压差异引起的一种空气流动的现象。春天的风轻轻柔柔，叫**和风**，又叫**春风**；夏天的风又湿又暖，让人昏昏欲睡，叫**熏风**，又叫**夏风**；秋天的风清凉爽朗，将大地变成一片金黄，叫**金风**，又叫**秋风**；冬天的风，从北方的荒漠吹来，寒冷刺骨，叫**朔风**，又叫**冬风**。有风的时候，人们借着风放风筝，挂风铃，造风车；没有风的时候，人们造风，扇风扇，拉风箱。还有人为了挡风，筑起防风墙，穿起风雨衣。

人们长期形成的习惯、礼仪，像风一样能够流动传播，这是**风俗**；一个人做事的态度、习惯、气派，是**风范**、**作风**。一个地方有一个地方的景色，有山水，有花草，有楼阁，有亭台，能够让人观赏，这叫作**风景**。那些传说的、不确定的事物，也用"风"来形容，如**风闻**、**风言风语**。

汉字有传承

忙趁东风放纸鸢

放风筝是很多人喜爱的运动之一，那么最早的风筝是谁发明的，又长什么样呢？

传说，早在2000多年前的春秋时期，墨家的创始人墨翟（dí）就用木头制成了可以在空中飞行而不掉落的木鸟，这就是风筝的起源。

后来，鲁班用竹子取代木头，"风筝"变得更加轻巧。据说，他做的竹鹊可以在天上飞三天而不掉落。

南北朝时，人们用风筝来传递信息，风筝成了情报工具。据说，侯景叛乱时，梁武帝被围在台城，曾经制作风筝，并将风筝放飞到空中向外求救。不过，风筝被发现并射落，梁武帝求救失败。最终，台城沦陷，梁武帝也被饿死在城中。

隋唐时，人们开始用纸来裱糊风筝，这时放风筝已经成了一种娱乐活动。

宋代时，到郊外放风筝，更是成为深受人们喜爱的户外活动。每到清明时节，人们将风筝放飞，然后割断绳线，让风筝带走一年所积之霉气。放风筝又成了一种民俗活动。

"草长莺飞二月天，拂堤杨柳醉春烟。儿童散学归来早，忙

趁东风放纸鸢。"清代诗人高鼎，坐在轻柔的春风中，看着放学的孩子们欢快地放着风筝，写下了《村居》这首诗。

如今，各式各样的风筝仍然是孩子们的好玩伴，一到春天，总能看到孩子们放风筝的欢快身影。

汉字有艺术

潍坊风筝

风筝又叫纸鸢，在我国已有2000多年的历史。从古到今，风筝就像人们的梦一样绚丽多姿，有着各种造型、各种颜色、各种图案，令人眼花缭乱，它们载着人们对美好生活的向往和祝愿，纷纷飞向天空。

山东潍坊被称为鸢都，也就是风筝之都。潍坊风筝是潍坊的传统手工艺珍品，制作历史悠久，工艺精湛。潍坊风筝形式多样，有硬翅风筝、软翅风筝、串式风筝、板式风筝、立体风筝、动态风筝等。风筝的装饰图案既有雷震子、八仙过海、钟馗捉鬼、麻姑献寿等传说人物，也有牡丹、蝴蝶、蜈蚣、仙鹤等花鸟虫鱼及飞禽走兽，题材丰富多样。其中，"龙头蜈蚣""仙鹤童子"等是潍坊风筝的代表作。

近年来，潍坊风筝还将国画工笔绘画的传统技法运用到风筝的绘制上，不断发展创新，形成了潍坊风筝造型优美、色彩艳丽的独特风格。

潍坊曾举办过三十多届国际风筝节，来自世界各地的风筝爱好者齐聚潍坊，一起比赛、交流，让世界了解了潍坊风筝，了解了中国风筝。

汉字有经典

风

[唐]李峤

解落三秋叶，能开二月花。
过江千尺浪，入竹万竿斜。

【译文】

　　秋风可以吹落枯黄的树叶，春风能够催开美丽的鲜花。风刮过江面时能掀起千尺的巨浪，吹进竹林时能让万竿竹子歪歪斜斜。

星星之火

【谜语】

人左人右各一点。

（打一字）

汉字有故事

钻木取火

　　想象一下，如果没有火，人们会怎么生活？食物无法做熟，人们只能吃生的，肚子会难受，人会生病；冬天无法取暖，人们只能在冰冷的房屋里颤抖、哆嗦；夜晚无法照明，人们只能在黑暗中等待天亮……

　　远古时期，人们就是这样生活的。那时候，河南商丘一带有大片茂密的原始森林，森林里居住着一个部落，他们以采摘果实、捕食野兽为生。有一次，大雨浇灭了他们保存的天然火种，许多天，

人们只能吃生食，很多人因此生病。一天，部落里的一个人外出打猎，看到一只鸟在啄一棵燧木树，每啄一下树上就闪出一点火花。受到启发，他折下一些燧木枝，用尖细的树枝在粗木枝上钻孔，不断地摩擦，直到产生星星点点的火花，最终点燃树枝，生起火来。

他把这种方法教给了部落里的人，从此人们学会了钻木取火，人类的生活进入了一个新的文明阶段。人们推举他为部落首领，并称他为"燧人氏"。

汉字有源头

甲骨文　　　　小篆　　　　楷书

甲骨文的"火"字，就像一团火燃烧的样子，两边各有一点，像上腾的烟。

人们掌握了钻木取火后，又做出了灯烛，每到夜晚，家家点起灯烛，那是**万家灯火**。

火的颜色是红色的，所以像火一样的颜色，叫**火红色**。火红的太阳，是说太阳像火一样，能带给人温暖和光明。

火温度高、热烈，由此又引申出别的用法。人发脾气时反应激烈，体温上升，让人想到火的性质，故称发脾气为**发火**。情况紧急，被称为**十万火急**。形势兴旺如火燃烧，可以说**红火**。

汉字有传承

烽火台

说起烽火台，人们可能会想到烽火戏诸侯的故事。

西周末年，周幽王为了讨好自己的妃子褒姒，博得她的一笑，竟然命令士兵在边境上点燃烽火。诸侯看到熊熊的烽火，以为有敌人来犯，率领军队匆匆赶到，却不见任何敌军的影子，只看到周幽王和褒姒在城头上开怀大笑。被戏耍的诸侯只得一个个灰头土脸地离开了。后来，敌人真的来犯，周幽王再次命令士兵点燃烽火，却没有人来救驾了。周幽王兵败身死，西周也因此灭亡了。

一个小小的烽火台，成了西周灭亡的导火线。现在看来，烽火台不怎么起眼，在通信不发达的古代，却十分重要，是传递军事信息的重要设施。当边境遇到危险时，驻守的士兵在烽火台上燃起烽火，远处的守军白天能看到烟，晚上能看到火光，就会知道有敌兵入侵，从而及时增援。

烽火台通常建在便于瞭望的高岗上，下面建有士兵居住的房屋，以及储存武器、粮食、柴草等军需的仓库，还有羊马圈等，这些设施共同构成一个完整的军事防御体系。

后来，人们又修建了长城，将烽火台与长城结合在一起，烽火台的军事功能进一步得到提高，既可以预警，又可以防守。

汉字有艺术

热气腾腾的火锅

有了火，人类进入熟食时代。于是，各种各样的炊具应运而生，火锅就是其中一种。

目前发现的最早的火锅是汉代海昏侯墓出土的青铜火锅，它有三只脚，支撑着一个大肚小口的容器，下面有一个炭盘，可以放炭火加热。这只青铜火锅已经有了现代火锅的雏形，外观线条流畅简洁，厚重又大气。

清朝火锅盛行，从宫廷到民间，很多人都喜欢吃火锅。乾隆皇帝曾在紫禁城的乾清宫举行过千人火锅宴，一千多个老人围着热气腾腾的火锅，吃得热火朝天，不亦乐乎。千人火锅宴的主人乾隆皇帝自称十全老人，参加这次宴会的也全是老人，所以这个宴会又叫"千叟宴"。

◀ 掐丝珐琅团花纹菱花式火锅

这只清朝晚期的火锅做工考究，使用掐丝珐琅工艺，淡蓝色的锅体上铺满了红的、黄的、蓝的、白的花朵，上附鎏金提手和锅耳。整体清新秀丽，又不失皇家气派。

汉字有经典

劝学

［唐］颜真卿

三更灯火五更鸡，正是男儿读书时。
黑发不知勤学早，白首方悔读书迟。

【译文】

三更半夜点灯，五更黎明鸡鸣，正是男儿读书的好时候。年少时只知道贪玩，不知道早起勤奋学习，等到头发花白，垂垂老矣，才后悔没有勤奋读书，那就太晚了。

电光乱
电闪西闪
东闪

电

【谜语】

俺的大人不在。

（打一字）

汉字有故事

雷公电母

暴雨来临时，天地一片昏暗，天空中东闪西闪，电光乱飞，放射出形状各异的奇妙光线。接着，隆隆的雷声，不时从远处传来，紧跟着是倾泻而下的雨水，天地顿时陷入一张巨大的雨网之中。

在神话传说中，打雷和闪电由雷公、电母两位神仙掌管，雷公负责在下雨时打雷，电母则负责释放闪电，他们相互配合，协助完成任务。

相传，雷公是一个大力士，袒胸露腹，脸庞发红，脚像鹰爪。他左手拿钻，右手持锤，身旁悬挂着几只鼓，下雨时，他拿锤敲鼓，天空中就会响起轰隆隆的雷声。

电母又叫闪电娘娘、金光圣母，她手里拿着两面金光四射的闪电神镜，挥动神镜就会有电光闪耀。

后来，雷公电母不仅掌管雷电，还被人们赋予了惩恶扬善的权力。如果有人做了坏事或者违背了誓言，就由雷公用五雷轰顶

来惩罚他；而电母则亮出神镜，用电光先行探照，辨别善恶，帮助雷公行雷。

汉字有源头

| 甲骨文 | 金文 | 小篆 | 繁体楷书 | 简体楷书 |

对于这种来自大自然的不可捉摸、形状变化多端的电，古人怎么描画它呢？我们看"电"的小篆，上面是"雨"，表示下雨的时候；下面是"申"，像闪电舒展的样子，合起来就是下雨时的闪电。

打雷的时候会有闪电，闪电之后会有隆隆的雷声，所以，"雷"的甲骨文，是由"电"（申）和两个"田"组成。这里的"田"代指车轮，表示雷声滚动。后来，简化为现在的"雷"。

闪电的发生是那样迅急，一眨眼就不见了，所以"电"又用来比喻快速，如**电光石火、风驰电掣**（chè）等。

随着对自然界认知水平的提高，人们认识到电还是一种物理能量：电能用来照明，于是发明了电灯等电器；电能用来发送信息，于是有了电视机、手机等；电能用来使机器转动，于是有了洗衣机、电动车；电能产生热能，于是有了电饭煲、电烤火炉等。电给我们的生活提供了很多便利。

汉字有传承

姓电的人家

电本来是一种自然现象，它很神秘，而且威力强大。可什么时候电竟然成了一个姓氏呢？

电姓最早来源于一个官职。是什么官职呢？秦朝时期，有一个叫霆吏的官职，是商鞅变法时设置的。霆吏是代表君王行使雷霆之责的人，他们执行君王的命令，对犯罪者进行鞭刑或杖刑，意在运用如雷霆之势的惩罚，让罪犯对君王的权威产生敬畏之情。

霆吏的后代子孙中，有人以先祖的官职作姓氏。因为在古代，电与雷霆密切相关，于是，霆氏和电氏出现了，这就是电姓的来源。

汉字有艺术

风驰电掣的奔马

雷电迅急，往往一闪而过，却能给人留下极深的印象。有一种动物奔跑起来也像闪电一样快，那就是马。古代没有飞机、汽车等现代化的交通工具，人们可以乘坐的，就数马跑得最快，人们就用闪电来给它们命名，如飞电、奔电、赤电等。但是，这些马到底是什么样子呢，我们看看画家笔下的马吧。

徐悲鸿的《奔马》，画的虽然不是那些传说中的神马，但那飞驰的姿态飒爽潇洒、神骏非凡。高大的马儿仰首奔走，马蹄飞扬，马鬃上飘，嘴上没有笼头，背上没有马鞍，

▲ 徐悲鸿《奔马》

身旁没有牧人或骑手，凸显出马的野性与不羁。马的头部有一道白，这种加上高光的画法，增强了马的立体感，突出了马头坚硬的质感。马的颈部和腹部用浓墨勾画，弧线粗重，富有弹性，表现出肌肉的强劲。马的鬃毛和尾部杂而不乱，画家用虚实相间的笔触，浓淡、干湿互衬的墨气，表现出了骏马的飘逸洒脱。

画的下面写着："风驰电驶（逝），蹑影追风；凌厉中原，顾盼生姿。"这几句诗出自三国时期嵇康的诗作《赠秀才入军》，意思是：骏马跑得像风一样快，像闪电一样迅急，可以追上影子赶上风；它在中原大地上奔驰，那抬眼回首的潇洒身姿自成一道亮丽的风景。这些题字，正是对骏马意气风发、器宇轩昂的姿态的最佳注解。

汉字有经典

望庐山瀑布二首·其一（节选）

［唐］李白

西登香炉峰，南见瀑布水。
挂流三百丈，喷壑数十里。
欻①如飞电来，隐若白虹起。
初惊河汉落，半洒云天里。

① 欻（xū）：忽然。

【译文】

从庐山的西侧登上香炉峰，向南望去，一帘瀑布高高悬挂在山前。数百丈高的瀑布从山顶飞流而下，那喷涌的流水沿着山谷向前奔行几十里。飞奔的流水像风一样急驰，又像电光一样闪过，隐隐约约，仿佛一道白虹，在空中腾跃。乍一看以为是银河从天上飘落而下，河水飘洒在空中。

好天**气**

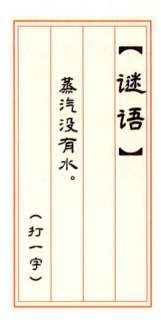

【谜语】

蒸汽没有水。

（打一字）

汉字有故事

紫气东来

周朝时，有一个叫尹喜的官员，负责函谷关的防守工作。尹喜是一位天文爱好者，他常常仰望星空，观察星象的变化，对着浩瀚无垠的星群冥思遐想。

一天夜晚，天气晴好，星群闪烁，云气飘飘。尹喜发现从东方飘来了一团紫色的云气，他心中不胜惊喜：紫色之气从东方飘来，看来将会有圣人来到这里。

第二天午后，果然有一个白发如雪的老者骑着一头青牛，缓缓来到关口。尹喜上前拜见，并恳请老者留下，将自己所学写成书籍，流传给世人。老人在函谷关住了下来，很快写出了一本五千字左右的著作，就是至今仍被奉为经典的《道德经》。

这个老人就是李耳，也就是老子，他学识渊博，孔子都曾向他请教"礼"的学问。学富才高的他善于思考，对于当时的社会

问题，提出了"道法自然""无为而治""事物是相对的"等思想，是道家学派的创始人。

与《道德经》一同流传下来的，还有"紫气东来"的故事，人们认为紫气东来是吉祥的象征。

汉字有源头

甲骨文　　　　金文　　　　小篆　　　　楷书

甲骨文的"气"，就是三横，上下的横长，中间的横短，与"三"不同的是，这三横不是那么平直，似乎有飘浮的感觉。后来，"气"用作偏旁，本义由"氣"来表示，汉字简化后仍写作"气"。

"气"本义指云气。那么，像云气一样若有若无的东西，也可以叫作"气"。各种气体，如**空气、煤气**，自然界阴晴冷暖等现象，如**节气、气候、寒气**，各种物体散发出的味道、气味，如**香气、臭气、烟火气**，人的呼吸现象，如喘气、**叹气、气息**，都可以用"气"来表示。

人的精神状态，也叫作"气"：年轻人积极向上，充满生机和活力，叫**意气风发、年轻气盛、朝气蓬勃**；有的人消极低沉，缺乏生机和活力，叫**暮气沉沉、老气横秋**；有的人光明磊落，一身正气，叫**浩然正气、气宇轩昂**；有的人很愤怒或者气势很盛，可以说是**怒气冲冲、气冲斗牛**；有的人心态好、脾气好，可以是**心平气和、一团和气、好声好气**。

汉字有传承

浩然之气

南宋末年，元军南下攻宋，宋朝官军节节败退。文天祥招兵买马，抗击元军，终因势单力薄，被元军抓获。虽然他最终被元军杀害，但他的英雄气概、正义之举、浩然之气长留人间，为人们所赞颂。他这种充满天地之间的浩然正气，是什么样的呢？

读他的《正气歌》，可以得到答案。诗中写道："天地有正气，杂然赋流形。下则为河岳，上则为日星。于人曰浩然，沛乎塞苍冥。皇路当清夷，含和吐明庭。时穷节乃见，一一垂丹青……"意思是说，天地之间有正气，混处于万物的各种形体之中，在地是巍峨的山岳和奔腾的河川，在天是光芒四射的日月星辰。在人身上，是浩然之气，允溢于天地和宇宙之间。在国家太平时，圣明的朝廷便表现出祥和之气；在时势危难之时，便会出现有气节的义士，他们的事迹将永留史册。

文天祥是一个博学多才的状元，还是一个敢于说真话的大臣，国家危难之时，他又是率兵抗敌

人生自古
谁无死

的将领。他身上的浩然之气不是偶然形成的，而是一点一滴积累培养形成的。

如何培养浩然之气？早在战国时期，孟子就提出了自己的观点：浩然之气要和仁义道德相配合，否则，它就会像人得不到食物一样萎缩。它是长期积累而成的，不是偶然装扮就能形成的，要用行动去践行努力，而不必苛求有结果；要时常记在心里，而不刻意地拔苗助长，那不但没有好处，反而会伤害它。

汉字有艺术

二十四节气钟

天地间有时候、气候、物候的变化，人们总结为二十四节气。为了随时掌握二十四节气的变化，有人制作了二十四节气钟，以便指导农业生产和生活。右图这台清朝的节气钟上标注了二十四节气的运行轨迹，以及对应的时间点和天象变化。

节气钟呈鼓形，下有木质底座。钟盘呈黑色，上面描画着北极恒星图、二十八宿，边缘写着黄道十二宫的名称。里面的铜圈上刻着二十四节气的名称，每一节气分为十五格，一格代表一天。节气圈外还有一个铜圈，上面刻着十二时辰。中间有一长一短两个指针，长针每走一圈为一小时，短针每走一圈为一天二十四小时。钟盘外缘有齿轮，

▲ 紫檀北极恒星图时辰节气钟

和走时系统的齿轮相咬合，并带动其旋转，从而显示天球星座的移动变化。

节气钟不仅能显示节气的变化，还具有走时、报时的功能。它既是一件设计巧妙的报时工具，又是一件纹饰精美、色调和谐、古朴典雅的艺术品。

汉字有经典

咏廿四气诗·春分二月中

[唐] 元稹

二气莫交争，春分雨处行。
雨来看电影，云过听雷声。
山色连天碧，林花向日明。
梁间玄鸟语，欲似解人情。

【译文】

阴阳二气不要互相争斗了，春分时节还是为人间多来些雨水吧。春雨来时，可以看到天空中闪电的影子，乌云密布，能听到轰隆隆的雷声。山色苍翠，天空碧蓝，山与天连成一片；林间的花分外妖娆，迎着日光绽放。房梁间的燕子在悄声呢喃，似乎能够理解人们内心的复杂情感。

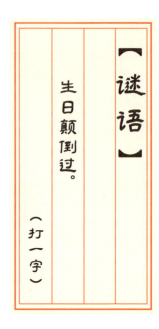

星星在眨眼

星

【谜语】

生日颠倒过。

（打一字）

汉字有故事

三星高照

在晴朗的夜晚，仰望天空，我们就能看到那些大大小小的星星放射着灿烂的光芒。那些遥远的星星眨着眼睛，是想要告诉我们什么呢？有人从中读出了四季变化，有人从中读出了诗情画意，而有人似乎看到了神仙……

天空中有三颗明亮的星星，它们的距离很近，人们习惯把它们叫作三星。有谚语说："三星高照，新年来到。"也就是说这三颗星最高、最明亮时，新年也就要到了，于是，人们就把对新年的希望寄托到这三颗星星上，将它们命名为福星、禄星、寿星，分别象征吉祥幸福、富裕和健康长寿。

福星，是指能给人们带来幸福、希望以及美好的星官，抱着一个孩子。禄星，是主管功名利禄的星官，所以他头戴官帽。禄，即官吏的俸禄。古代封建社会以科举取士，士人通过科举考试，才能做官。士人往往向往高官厚禄，于是便产生了

禄神崇拜。寿星，又称南极老人星，是长寿之神。这是一个白胡子老人，高高的额部向上隆起，手里拿着一把手杖和一只寿桃。传说，他可以使人健康长寿。

春节时，人们常常会在家中挂上象征着吉祥如意的"三星高照"年画，表达期盼幸福健康的愿望。老人生日时，正屋的墙面上也常常会悬挂福、禄、寿的字画，两旁则写着"福如东海、寿比南山"的寿联，表达对老人的祝福。

汉字有源头

| 甲骨文 | 金文 | 小篆 | 楷书 |

甲骨文的"星"，由多个小方块和"生"组成。小方块象征着群星，而"生"则是因为古人认为星星是有生命的，像植物上长出的果子一样。植物有盛有衰，星星也有明有暗，变幻无穷。在金文中，星星直接长在了"生"上，还增加了表示光亮的短横。

星星的种类众多，有恒星、行星和卫星等。如今，人类制造了许多环绕地球飞行的无人航天器，也就是**人造地球卫星**。这些卫星，有的负责通信，叫**通信卫星**；有的负责观测宇宙天体和其他宇宙物质，叫**天文卫星**；有的负责导航定位，叫**导航卫星**。

像星星一样小而明亮的东西，也被叫作"星"，如**火星儿**。一些细小、零碎的东西，也可以用"星"来形容，如**星星之火、唾沫星儿、零零星星**。在某方面有突出才能，或者很出名的人，也被称为"星"，如：唱歌唱得有名的人，叫**歌星**；电影演得出名的人，叫**影星**；打球打得很好，因此而出名的人，叫**球星**。

汉字有传承

《甘石星经》

夜晚仰望天空，繁星闪烁，那些神秘而迷人的星星，像是怀揣着许多的宇宙秘密，要告诉人类。一些人接收到了这些信号，想试着解读这些星谜。

　　战国时期，齐国有一个叫甘德的人，他是个天文学家，他观星的目的是预测祸福吉凶，却意想不到地得到了天文学的成果。他将自己的观察记录下来，根据位置不同，将星星划分为二十八个区域，命名为二十八星宿，又依此绘制出星空图。他还观察了金、木、水、火、土五大行星的运行，发现了它们的运行规律。相传，他测定了一百一十八座恒星的方位，还写出了天文学著作《天文星占》。

　　与甘德同时代，有一个叫石申的魏国人，他也发现了五大行星的运行规律，测定了八百多个恒星的方位，这些数据为后世天文学家所用。他还写出了《天文》一书。因为石申在天文学方面的杰出贡献，天文学界将月球背面的一座环形山命名为"石申"，石申与他仰望的星空一起，成为宇宙间的一员。

　　由于甘德与石申生活的年代相近，天文成果也相近，后人把他们两人的著作合在一起，称为《甘石星经》。

汉字有艺术

彩陶上的八角星

　　陶器是一种质地较粗的黏土制品，大量出现在新石器时代，是当时人们的主要生活用具之一。彩陶是稍晚出现的一种带有彩绘

◀ 八角星纹彩陶豆

花纹的陶器。这些留下来的陶器是我们了解上古社会、历史、文化的重要标本。

这件八角星纹彩陶豆，出土于山东泰安，它的样子像现代的高脚杯，是大汶口时期先民用来盛放食物的器皿。它整体呈红褐色，上面有五个白色的八角星纹，星纹的中间是一个四方形，向外延伸出对称的八个角，显示出星光对称的特点。两颗星星之间用两道竖线隔开，简洁明朗，红褐色的底色和八角星的白色形成强烈的对比，仿佛彩色的音符，合奏出一段多彩的旋律。

整个器皿给人以鲜明的视觉享受，令人赏心悦目。

汉字有经典

迢迢牵牛星

［汉］佚名

迢迢牵牛星，皎皎河汉女。
纤纤擢素手，札札弄机杼。
终日不成章，泣涕零如雨。
河汉清且浅，相去复几许。
盈盈一水间，脉脉不得语。

【译文】

在银河的东南，遥遥地可以看见牵牛星，在银河的西岸，有一颗明亮皎洁的织女星。织女那柔长洁白的双手，正在织布机上忙个不停，织布机发出札札的响声。忙了一整天，也没织出整幅的布匹，伤心的眼泪像雨水一样纷纷落下。这条银河看起来又清又浅，两岸相距又能有多远呢？有情的人却被隔在这清澈银河的两岸，只能相对无言。

有故事的**夜**

【谜语】

它一来，明珠就亮了。

（打一字）

汉字有故事

秉烛夜游

现代人喜欢旅游，唐代的大诗人李白也喜欢旅游，甚至可以说是一名"旅游发烧友"。他踏遍了许多名山大川，留下了许多著名的诗篇。作为一个诗情无限的诗人，即使是一处平平常常的桃园，他也能玩出不一样的趣味来。

二十七岁时，李白风华正茂，仗剑走天涯的豪迈和满腔的热情引领着他来到了湖北安陆。正是阳春三月，万物繁茂，花团锦簇，李白与朋友们一起来到一处桃园，娇艳明媚的花朵闪烁着灿烂的光芒，让人流连忘返。渐渐地夜色降临，李白和朋友们并未觉得扫兴，而是学起古人在园中点起蜡烛，趁着星月，喝着美酒，浅唱低吟，在夜色中继续着游春的欢乐。青春、繁花、美酒、夜灯……这注定是一个有故事的夜晚。

诗人的酒宴怎么能少了诗歌？面对美酒和美景，李白不禁

感叹："夫天地者，万物之逆旅也；光阴者，百代之过客也。而浮生若梦，为欢几何？古人秉烛夜游，良有从也。"（《春夜宴从弟桃李园序》）意思是：天地是万物的客舍，时间是古往今来的过客。死与生的差异就好像梦与醒一般，纷纭变幻，其中又有多少欢娱呢？不如多学习古人，在夜里秉烛游玩，不辜负这大好春光。

后来，"秉烛夜游"常用来形容及时行乐。

汉字有源头

金文　　　　小篆　　　　楷书

夜晚，只有星星和月亮还在闪着微弱的光，那么，夜字应该有月亮或星星。是的，金文的"夜"由"亦"和"夕"组成，"亦"是一个伸开两臂的人，这里表示读音，"夕"是一弯月牙的样子。"夜"指天黑到天亮的一段时间，也就是夜晚。我国地处地球北半球，所以夏天昼长夜短，而冬天则昼短夜长。

有鸟儿在夜晚唱起了歌，那是**夜莺**；有花儿在夜晚开放，还有浓郁的香味，那是**夜来香**；有人在夜间弹奏音乐，那是**小夜曲**；有人走在夜晚的路上，行色匆匆，那是**夜行者**；夜深了，还有人在热烈谈论，那是**夜谈**；有人晚上还在上班，那是上**夜班**；有人天黑了还在上课，那是**夜课**；有人晚上临睡前还在吃东西，那是吃**夜宵**。

"夜"还可以用作量词，表示夜晚的数量，如**五天五夜**。

汉字有传承

除夕之夜

在中国，有一个夜晚非常重要，这就是除夕之夜。这个夜晚，人们会守在灯烛前，等待着新一年的到来。

除夕夜，又叫大年夜，是农历一年最后一天的晚上。对于每一个中国人来说，这个夜晚都具有非常重要的意义，全家会聚集在一起吃年夜饭。年夜饭花样繁多，鸡鸭肉蛋、点心果品，一应俱全，除此以外，一条象征年年有余、生活富足的鱼也不能少。在北方，年夜饭还不能少了饺子，人们还会将红糖、枣、花生或者硬币包在饺子里，寓意新的一年能收获美好和幸福。

对大人来说，一家人团团圆圆地在一起吃饭，这种互敬互爱的亲密，最能抚慰一年的辛苦与忙碌，最能让幸福和满足涌上心头。孩子们不仅能愉快地玩闹，还能收到长辈寄予了美好祝愿的压岁钱。

屋外挂着红红的灯笼，屋内点着明亮的灯火，全家人围在一起，边吃边聊天。"儿童强不睡，相守夜欢哗"，就这样，一起守着红红的灯火直到新年第一天到来。

除夕年年有，年夜岁岁守。几千年的"夜文化"，今天我们仍然在坚守。

汉字有艺术

韩熙载的夜宴

不眠的夜晚，有人独自叹息，有人彻夜长谈，有人举行盛大的夜宴，还有人将这夜宴画了下来，让今天的我们得以看到古人的夜生活是怎样的多姿多彩。

五代十国时期南唐画家顾闳中画的《韩熙载夜宴图》，就是这样一幅描画当时的官员韩熙载举办夜宴的画作。这幅长卷画，完整地展现了夜宴的全部过程，包括听乐、观舞、宴间休息、清吹、散宴五个场景。

第一场景：听乐。一个女子正在弹奏琵琶，琵琶声声，韩熙载和宾客们全都在凝神倾听。

第二场景：观舞。韩熙载敲鼓，一位青年打板。中间有一位蓝衣舞者，只见她屈身弯腰，双手画弧后叉，舞姿翩跹。一位红衣宾客斜靠在椅子上，专注地观赏着女子的舞姿。还有一位僧人，面色沉静，看着击鼓的韩熙载。

第三场景：宴间休息。韩熙载坐在床榻上，边洗手边和侍女谈话。一个女子端着杯盘，韩熙载与她正津津有味地谈论着宴会的情景。

第四场景：清吹。韩熙载盘膝坐在椅子上，一边挥动扇子，一边吩咐侍女。五个乐人横坐一排合奏，她们的姿态各不相同，旁边端坐着一名打板的男子。

▲ 五代　顾闳中《韩熙载夜宴图》（宋摹本）

第五场景：散宴。宴会结束，宾客们陆续离去。韩熙载站在两组人中间，摆动左手，似是在讨论宴会上的表演，又好像在说"不客气"或"照顾不周"。

这幅画色彩绚丽清雅，人物形象多姿多样，疏密得当，自然连贯，场景也是高潮起伏，有动有静。另外，画面中的各种屏风、床榻、长案、管弦乐器等，也描绘精致，让人如临其境。

汉字有经典

枫桥夜泊

［唐］张继

月落乌啼霜满天，江枫渔火对愁眠。
姑苏城外寒山寺，夜半钟声到客船。

【译文】

月亮落下，乌鸦啼叫，寒气漫天，对着江边的枫林和船上的渔火，人忧愁难眠。姑苏城外那座寒山寺，夜半时分敲响的钟声传到了我乘坐的客船。

何去何从要分**明**

明

汉字有故事

兼听则明

　　面对同一件事情，不同的人有不同的看法，何去何从，该如何分清楚、弄明白呢？

　　唐朝刚建立时，经过战争洗礼的神州大地人口减少，经济遭到严重破坏，又有强势的游牧民族环伺。唐太宗李世民时刻不敢忘记隋朝灭亡的教训，一心想振兴唐朝。

他向宰相魏徵征求意见："作为一个国家的君主，我怎样才能明辨是非，不受蒙蔽呢？"魏徵回答："作为国君，只听一面之词就会糊里糊涂，做出错误的判断。只有广泛听取意见，采纳正确的主张，您才能不受欺骗，把真实的情况了解得一清二楚。"

从此，唐太宗很注意听取大臣的意见与建议，鼓励大臣直言进谏。他选贤任能，知人善用，采取了以农为本、休养生息、文教复兴、完善科举制度等一系列措施，稳定了朝局。另外，他还大力平定外患，促进民族融合，稳固了边疆。他执政的贞观年间（627~649年），政治较为清明，经济快速发展，社会安定，武功兴盛，史称"贞观之治"。

汉字有源头

甲骨文　　　金文　　　小篆　　　楷书

明，看得见，摸不着，却又无处不在，该如何造字呢？有人将"月"和"囧"（窗户）组合，用月光穿窗而入，将室内照亮的情景来表示"明"。也有人将"日"和"月"组合，用太阳、月亮这两个发光的天体来表示光明、明亮。很长时间里，这两种写法都被人们广泛使用，后来汉字简化时，将"明"定为正体字。

"明"本来是指光明、明亮。光明能让人将事物看得更清楚，由此引申指视力，如目光敏锐的人，可以说是**耳聪目明、眼明手快、明察秋毫**。具有超常智慧的人，可以说**明智、英明、贤**

明、圣明。能够公开的东西，也可以用"明"形容，如**明细表**、**明文**、**明信片**。明还用来指次于今的，如**明天**、**明晚**、**明年**。

汉字有传承

正大光明

参观故宫时，乾清宫是必看的地方。它是一座巍峨壮丽、金碧辉煌的建筑物。它被装饰得光彩夺目，皇帝在这里处理政务、召见廷臣、举办宴会等。宫殿的正中是皇帝的宝座，宝座上方高悬着一块巨大的匾额，上面有四个大字——正大光明。这四个字是清朝顺治皇帝亲笔书写的，意思是言行正派，无私坦荡，才可以让百姓臣服，让江山稳固。

"正大光明"匾额背后，还藏着非常重要的东西：任命下一届皇帝的诏书。这一制度是雍正帝为了避免皇子们争夺皇位，造成天下大乱，致使清王朝失去统治权而规定的。诏书由皇帝生前亲自书写，一式两份，分别密封在特制的匣子里，一份放在这块"正大光明"匾额背后，另一份由皇帝收藏。皇帝死后，两份诏书相互对证，确认无误后，新的皇帝才能继位。

看来，正大光明也需要制度来保证。正大光明是对人性向善的一种期盼，也是一种标准，希望它能引领人们走向更加美好的明天。

汉字有艺术

《清明上河图》

北宋都城开封，富庶美丽，兴旺发达，是北宋的政治、经济、文化中心，还是当时世界上最繁华的大都市。

那时的开封是什么样子的呢？看了《清明上河图》，就可以知道了。打开它，就像在看一部微型电影，清明时节开封城热闹繁华的景象一幕幕地展现在我们面前。

画面由郊外引入，有茂密的树木，蜿蜒的乡村小路，驮炭的驴子，农家喂养的牛、羊、鸡、鸭，还有抬着花轿的娶亲队伍。

越靠近城市，房屋越密，有茶馆、酒店、商铺等，行人也越来越多，河面上挤满了装满货物的船，搬运货物的人也正在忙碌着。

而后到了画面的重点部分——虹桥。这座建在汴河上的木拱桥，像一条彩虹横跨在河面上。桥下一只大船缓缓经过，船夫紧张而小心地驾船；桥上的人探出头来，为船夫捏了把汗；桥面上车水马龙，各种小摊小贩琳琅满目；河两岸布满了茶楼、酒馆，

▲ 宋　张择端《清明上河图》（局部）

里面的人悠闲地吃着零食，看着外面的风景。

转过码头，有一处高大的城楼，两边的屋宇一个挨着一个地排列着，有茶坊、酒肆、脚店、肉铺、庙宇等。店铺里有卖绫罗绸缎、珠宝香料、香火纸马的，有医药门诊、看相算命、修面整容的，各行各业，应有尽有。交通运载工具有轿子、骆驼、牛车、人力车，形形色色，样样俱全。熙熙攘攘的人流中，有赶着骆驼的西域商人，有布道的僧人，还有挑着货物的挑夫……

整个画卷，动静结合，疏密相间，繁而不乱，有条不紊，尤其是画面中的500多个人物，他们每个人都好像是主角，又都只是整个城市的一部分，是他们让开封城充满了生机与活力。整幅画卷再现了北宋都城的风俗情趣。

汉字有经典

明日歌（节选）

［明］钱福

明日复明日，明日何其多。
我生待明日，万事成蹉跎。

【译文】

明天过后又是明天，明天是何等的多。如果什么事都要等待明天去做，结果只会一事无成，白白地浪费时间。

雨点点滴
滴下

雨

【谜语】

四个水点挂窗前。

（打一字）

汉字有故事

风雨同舟

　　春秋战国时期，吴国与越国是两个敌对的国家，两国之间战争不断，就连两国的老百姓也都彼此仇恨，难以和平相处。一天，一条渡江的小船上坐满了乘客，既有吴国人，也有越国人，他们各自坐在一边，互不理睬。

　　小船行驶到江心时，突然刮起一阵风，接着雨点开始掉落。风越刮越大，雨越下越大，狂风暴雨之中，小船在江中摇摇晃晃，船上的人们开始不安起来。又一阵狂风，接着又一个巨浪，小船更加剧烈地颠簸起来。一个年轻的吴国人跑上前帮助船夫，另一个年轻的越国人也快步跟上去，就这样吴国人的手与越国人的手紧紧地抓在一起，抓住船桨，奋力划动。终于，在他们的共同努力下，小船安全到达了对岸。

　　下船后人们开始热情地交谈，风雨中同乘一条船的情谊，让

他们忘记了仇恨；齐心协力的举动，让他们像一家人。那种共历风雨、相互扶持的美好情感，成就了风雨同舟的佳话。

后来，"风雨同舟"就用来比喻在艰苦困难的条件下，互相帮助，齐心协力，共渡难关。

汉字有源头

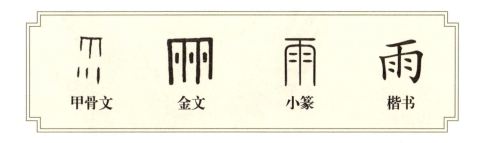

甲骨文　　　金文　　　小篆　　　楷书

下雨啦，下雨啦！雨珠点点滴滴从空中落下，古人就照着雨点从天上掉落的样子，画了"雨"字。上面的一横，表示天空或云彩，下面是掉落的小雨点，表示下雨的意思。雨点很细很小，是**细雨**、**微雨**；雨点很大很急，是**大雨**、**暴雨**；春天下的雨，细细的，柔柔的，那是**春雨**；夏天的雨，说来就来，还常伴随电闪雷鸣，那是**雷阵雨**；秋天连着下许多天的雨，那是绵绵**秋雨**；冬天下的雨，噢，天太冷了，雨点变成小冰晶，那是雪。

清明时节，杏花开时下的雨，叫作**杏花雨**。宋代诗人志南说："沾衣欲湿杏花雨。"唐代诗人杜甫又说："好雨知时节，当春乃发生。"夏季六、七月份，梅子熟时下的雨，叫**梅雨**。宋代诗人赵师秀说："黄梅时节家家雨。"秋天的一场雨后，天气转凉。唐代诗人王维说："空山新雨后，天气晚来秋。"

大地正干旱时下的雨，叫**及时雨**。在别人需要的时候，及时伸出援手，也被叫作及时雨，如《水浒传》中的宋江。像雨一样的东西，也被叫作"雨"，如**流星雨**、**枪林弹雨**。

"雨"还可以作动词，表示下、落下的意思，这时读作"yù"，如**雨雪**、**雨雨**。

汉字有传承

商羊起舞

古时候没有天气预报，人们只能通过观察风云变化和动物们的反常行为，来推测刮风下雨的时间。传说古时有一种商羊鸟，只有一只脚，在下雨之前会张开翅膀，在田间翩翩起舞。

传说，春秋时期，齐国的国君看到一群只有一只脚的怪鸟聚集在宫殿前，展开双翅跳舞，觉得很奇怪，不知这是怎么回事，就派人去向孔子请教。

孔子说："这是商羊鸟，是水神的化身。过去，商羊鸟一出现，孩子们就会抬起一只脚，抖动着眉毛，边跳边唱：'天要下雨，商羊跳舞'。现在齐国出现商羊鸟，说明要下大雨了。"于是，齐国的国君赶快让民众挖沟修渠，整治河堤。没过几天，果然下起了大雨，很多国家都被洪水淹没，只有齐国因为做好了准备，没有遭受水灾。

现在，商羊鸟已经消失了，但是，商羊舞却作为非物质文化遗产流传了下来，在山东省鄄城县一带还能看到。这种舞蹈一般由十二至十六个人一起跳，分成男女两组，表演者头戴柳条圈，光着脚，挽起裤腿，脚腕手腕上都戴串铃圈，在乐队的伴奏下，一边模仿商羊鸟的动作，一边手拿响板有节奏地撞击，发出清亮的脆响。商羊舞风格古朴典雅，欢快明朗。

汉字有艺术

程阳风雨桥

在广西壮族自治区柳州市三江侗族自治县，有一座程阳风雨桥，又叫永济桥。这座桥始建于1912年，历时十二年，于1924年建成，距今已经百年了。它不仅是桥，还是一座石墩木结构的楼阁。它的两端有两个石台，中间有三个石墩、四个桥洞。墩台上建有五座塔式桥亭，亭子是四层六角形的，层层而上，形似宝塔，气势不凡。中间有十九间桥廊，亭子和走廊相连，远远看去，像是一座层层重檐的宫殿。

桥的长廊和楼亭的瓦檐上面有雕刻和绘画，雕刻和绘画内容有人物、有山水、有花草、有鸟兽，颜色艳丽、栩栩如生，所以，人们又叫它花桥。

更为奇特的是，这座桥上没有一颗铁钉，柱子上有许多大小不同的孔眼，那是木头之间相互衔接的木榫（sǔn），纵横交错，结构极为精密，因此十分坚固，近百年来一直安稳不动。

程阳风雨桥既是桥，又是廊，还是亭子，是侗族最具特色的民族建筑，也是国家重点保护文物。如今的程阳风雨桥，除了供行人避雨休息、交流聚会，还成了一道风景，吸引着远方的游人来这里观光旅游。

▲ 程阳风雨桥

汉字有经典

春夜喜雨

［唐］杜甫

好雨知时节，当春乃发生。
随风潜入夜，润物细无声。
野径云俱黑，江船火独明。
晓看红湿处，花重锦官城。

【译文】

　　好雨能感知时节，春天植物萌芽的时候，它应运而生。它随着春风在夜里悄然而至，无声无息地滋润着大地万物。雨夜中的田间小路漆黑一片，只有江上渔船的灯火独自闪烁。天亮后再去看被雨水浸润的花丛，一定会更加娇艳美丽，那时的锦官城将变成繁花盛开的世界。

水汽凝聚
而成露

露

汉字有故事

露马脚

　　事情败露（lù）了，人们常会说露（lòu）了马脚。这是怎么回事呢？马脚（蹄）本来就露在外面呀！原来，这里说的"马脚"并不是马的脚，而是一位姓马的夫人的脚，这位马夫人正是明朝开国皇帝朱元璋的夫人。

　　元朝末年，阶级矛盾日益尖锐，加上天灾频繁，生活无门的农民纷纷起义，反抗元朝的残酷统治。朱元璋年轻时，家境贫寒，生活十分贫苦，只得出家做了和尚，后来，寺庙里也无法维持生存，他便开始四处云游化缘。这时，他遇到了郭子兴，加入了郭子兴领导的起义军。郭子兴见朱元璋屡立战功，觉得他是个人才，就把自己的养女马秀英嫁给了他。

　　后来，朱元璋建立了明朝，做了皇帝，把这个与他同甘共苦、不离不弃的马夫人封为皇后。有一天，马皇后坐着轿子外出游玩，经过街市。百姓们看到马皇后的轿子，便聚集过来，想一睹皇后的容貌。恰巧一阵大风吹过，轿帘被掀起了一角，马皇后的长裙子也被掀了起来，一双大脚赫然露（lù）了出来。那时，流行女子缠小脚，女子如果有一双大脚就会被人嘲笑。

就这样，一传十，十传百，马皇后有一双大脚的事人尽皆知。"露马脚"也成了不小心露出破绽的代用语，从此流传开来。

"露"的小篆字形由"雨"和"路"组成，表示清晨路边、田野、地面常见的露水。露水是空气中的水蒸气遇冷，在花草、树木、石头、地面等上面凝结成的小水珠。古人认为这些小水珠像雨滴一样，是从天上降下来的，就加了雨字头，表示露是和雨同类的液体，能够滋润大地万物。因此，"露"又有润泽的意思。

露珠晶莹透明，不像雾那样让人看不清，所以有显露、显现、没有遮蔽的意思，如：**露天矿**，是指矿床接近地面，可以露天开采的矿产；**吐露真言**，是指敞开心胸，说出真心话。

露水是一种晶莹的液体，人们把用药材、水果、枝叶等制成的像露水一样的液体，也叫作"露"，如：用花生制成的液体饮品，叫**花生露**；用玫瑰制成的液体饮品，叫**玫瑰露**；洗澡用的液体清洁剂，是**沐浴露**。后来"露"还指酒，如古人用蔷薇制成的酒，叫**蔷薇露**。

"露"表示以上意思时，读作"lù"。但在口语中，有时还读作"lòu"，如：他在晚会上唱了一首歌，得到观众的热烈掌声，可以说他**露脸**了，也可以说他**露**了一手。

汉字有传承

甘露寺

在江苏省镇江市长江的南岸，有一座北固山。北固山虽然不大，却有一座名气很大的寺庙——甘露寺。它始建于三国东吴时期，之所以有名，是因为刘备曾经来这里求亲。

《三国演义》中"吴国太佛寺看新郎，刘皇叔洞房续佳偶"的故事，著名京剧"龙凤呈祥"的戏码，就发生在这里。赤壁之战后，刘备没有按约定归还向东吴借的荆州，东吴大将周瑜就向吴王孙权献计，让孙权假装把妹妹孙尚香许给刘备做妻子，诱使刘备来镇江北固山甘露寺联姻招亲，趁机将刘备扣押为人质，换回荆州。没想到，诸葛亮识破了孙权的计策，决定将计就计，让孙刘联姻弄假成真；东吴赔了夫人又失了荆州，而刘备既保留了荆州，又迎娶了夫人。甘露寺因此名声大振。

南宋时期，辛弃疾担任镇江知府，驻守江防要地京口时，曾登上北固山，游览甘露寺，并触景生情，写下了千古名篇《永遇乐·京口北固亭怀古》："千古江山，英雄无觅孙仲谋处。舞榭歌台，风流总被雨打风吹去……"

甘露寺以它优美的风景、动人的故事、壮丽的诗情，吸引着大批古代的文人画家来抚今追昔。而文人骚客的诗作和画作，也为甘露寺增添了一道道人文景观。

汉字有艺术

铜仙承露盘

在北京北海公园琼岛的北山腰，有一个汉白玉蟠龙柱，柱子上站着一个宽衣大袖的仙人，仙人双手上举，手上托着一个荷花形的盘子，盘子上滚落着颗颗晶莹的露珠，这就是著名的铜仙承露盘。

这个铜仙承露盘建于清朝乾隆时期，是仿照汉武帝的承露盘修建的。相传，汉武帝十分相信露水是神仙降于人间的传说，认为长期饮用可长生不老。他命人在宫殿中修建仙人承露盘，来承接露水，并用露水来调制仙药。可惜，传说只是传说，汉武帝没能长生不老，而承露盘到魏晋末年也被损坏，只留下当时人写的一篇《承露盘赋》。

乾隆帝怀想汉武帝时建造承露盘的盛景，遥想承露盘的精美，于是，命人在北海公园仿造了这处铜仙承露盘。不过，乾隆皇

北京北海公园铜仙承露盘 ▶

帝的目的已不是承接露水、调制仙药。如今，那精美的石雕，早已与北海融为一体，成为北海一景。清晨，仙人所举的盘中凝结的露珠常常闪耀着晶莹的珠光，银亮闪闪，引人遐想。

68

汉字有经典

咏露珠

［唐］韦应物

秋荷一滴露，清夜坠玄天。
将来玉盘上，不定始知圆。

【译文】

秋天的荷叶上凝聚着一滴晶莹的露珠，那是暗夜里从天上掉落下来的。将露珠采集到玉盘之中，它滚来滚去无法固定，才知道它原来是圆的。

水汽结为霜

霜

汉字有故事

六月飞霜

我们知道，霜是天气寒冷时出现的一种自然现象。深秋或冬天的夜晚，气温在零摄氏度以下时，**接近地面的水汽遇冷会凝结为霜**。但是成语"六月飞霜"是怎么回事呢？

战国末年，齐国有一个叫邹衍的人，他是阴阳家的创始人，提出了阴阳五行说、五德终始说和大九州说等学说。当时，他的学说在齐国得不到重用，又恰逢燕国的燕昭王正招贤纳

士，邹衍就去了燕国，受到了燕昭王的优待和重用。但是，后来燕惠王继位，他不信任邹衍，加上邹衍是齐国人，燕国与齐国又是敌国，所以，燕惠王听信谗言，将邹衍逮捕入狱。

当时是六月，正值炎热的夏季，邹衍在狱中为自己的冤屈而仰天长叹，希望能有人了解自己受到的不公。忽然，天气骤寒，空中飘飘洒洒落下寒霜，人们不禁议论纷纷。而这满地的寒霜，让燕惠王意识到了邹衍的冤屈，释放了他。后来，人们常用"六月飞霜"来比喻有冤情。

虽然，冤屈让人同情怜惜，但是冤屈引来飞霜，只是人们的一种附会。六月飞霜其实是一种比较少见的自然现象。夏季，高空中的冷气流与暖气流剧烈交锋时，会出现暴风雨等极端天气现象；如果气流突然冲击，将含有冰晶或雪花的积雨云拉向地面，便会有小面积的霜雪奇观出现。

汉字有源头

小篆　　　楷书

小篆的"霜"，上面是一个雨字头，说明它与雨水有关，下面是一个"相"，表示这个字的读音。霜就是指由水汽凝结而成的微小冰粒，它们附着在地面或靠近地面的物体上。霜的颜色像雪一样白，所以，像霜一样莹白且轻薄的东西，也被称为"霜"，如咸菜干燥后上面结的一层白色细盐粒，叫**盐霜**。

霜给人寒冷的感觉，所以，霜又叫**寒霜**、**冷霜**、**冰霜**；有的人待人接物毫无感情，像冰霜一样冷，被形容为**冷若冰霜**。

霜多出现在秋冬时节，所以，又叫**秋霜**。像秋霜一样白的，还有那些历经岁月风雨的人们的头发，他们常感叹"不知明镜里，何处得秋霜""尘满面，鬓如霜"。

生命在饱经风霜之后，终会如秋叶般枯黄老去。但是，不必悲叹，霜的到来虽然预示着大地沉寂、植物凋零、动物潜藏，却也意味着新一轮的生命旅程即将开启。

汉字有传承

霜降节气

霜降是二十四节气中的第十八个节气，这时秋天即将结束，冬天就要开始，早晚寒冷，但中午的太阳仍然无比温暖与舒适。

在霜降之前，田野里的农作物进入了丰收季。柿子由黄变红，由硬变软，红彤彤的，让人忍不住想咬一口。成熟的不只有柿子，还有红红的苹果、金黄的梨子、圆滚滚的黄豆、饱鼓鼓的花生、脆生生的红薯、金灿灿的玉米等等，几乎所有的农作物都要赶在冬天来临之前，抓紧完成生命的接力。一方面是旧生命的衰落，另一方面又是饱满的种子包裹着一个个新的生命体。农民们筛选出最优良的果实作为种子，等待明年春天的到来。而其他的蔬菜瓜果，农民们也早有安排："霜降萝卜，立冬白菜，小雪蔬菜都要回来。"总之，采摘、储存农作物，是这时最主要的任务。

诗人们也不会闲着，他们要抓住美好秋日的尾巴，登高望远，喝菊花酒，当然，也从不会忘记自己的本职工作，给秋霜大唱赞歌："清霜醉枫叶，淡月隐芦花"。"秋风萧瑟天气凉，草木摇落露为霜"。

汉字有艺术

秋菊拒霜

　　深秋寒凉，万物潜藏。不过，凡事总有例外，有一种叫菊的植物，偏偏在这时悄然开放，而且一大团一大团的花朵，如同蘸满了墨汁的毛笔，毫不吝惜纸张，在画面上铺张开大大的枝叶，挥就灿烂多姿的身影，无比骄傲与自信地面对微冷的寒霜。它芳香袭人，却不与群芳争艳，因此与梅、兰、竹一起，被尊为"花中四君子"。晋代大诗人陶渊明对菊花更是情有独钟，写出了"采菊东篱下，悠然见南山"的千古名句。自此以后，菊花以恬然自处、傲然不屈的高尚品格，成为隐士的代称。

▲ 清　吴昌硕《拒霜图》

菊花这种抗拒风霜、隐逸不屈的姿态，到了画家的笔下，成了这幅《拒霜图》。作者是晚清民国时期的吴昌硕，著名的国画家、书法家、篆刻家，还是西泠印社的第一任社长。他创作了许多以菊花为主题的画作，《拒霜图》是其中之一。菊花粗壮的菊枝从半空倒挂而下，浓重的枝叶显示出抗拒风霜的实力；几朵红色的菊花是那样绚烂，就像一团团热烈的火焰在燃烧；其间的白菊花，清雅而悠然。画面整体浓淡相间，对比强烈，盛放的菊花骄傲而不娇纵，艳丽而不粉饰，透露出迎霜的美丽、自信与从容，正如吴昌硕在画上所题：粗枝大叶，拒霜魄力。

汉字有经典

立冬前一日霜对菊有感

〔宋〕钱时

昨夜清霜冷絮裯^①，纷纷红叶满阶头。
园林尽扫西风去，惟有黄花不负秋。

① 裯（chóu）：单层的被子。

【译文】
昨天夜里清霜忽至，被子也因此变得湿冷，早晨起来，门前的台阶上落满了红叶。园子里的草木在寒冷的西北风中逐渐凋零，只有那金菊凌霜绽放，没有辜负这美好的秋光。

寒！寒！
冻成一团

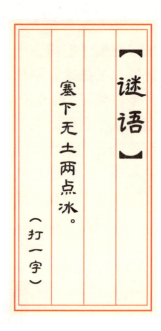

汉字有故事

岁寒三友

原野苍茫，河封地冻，漫长而寒冷的冬季开始了。但在寒风中，在冰雪里，仍有绿叶繁茂，仍有花枝俊俏，这就是松树、翠竹、梅树。松树迎寒而不凋谢，枝叶常青；竹子青翠而有气节；梅花不惧风雪，凌寒而绽放，花香四溢。严寒中的松、竹、梅组合，被称为"岁寒三友"。

岁寒三友，就好像是身处逆境中的人，不畏惧，不退缩，清高自持，不向险恶的环境屈服，拥有坚定、顽强和自信的品格。历代文人雅士大多崇尚它们，用它们来自喻，来激励自己和友人坦然面对困难和艰险。宋代大文豪苏东坡就是如此。他被贬到黄州时，缺吃少穿，生活窘迫，少朋无友，寂寞苦闷，但他没有颓废自弃，而是在自己的住处附近，开垦出一片荒地，修园种菜，植树弄花，种了松、竹、梅、菊，来勉励自己保持高雅的情趣，

不随波逐流。

后来，松、竹、梅的气节逐渐成了中国人的精神追求，"岁寒三友"不仅成了刚毅、坚贞气节的象征，它们的形象还不断出现在诗、书、画、雕刻等艺术作品中，供人时时自勉。

金文　　　小篆　　　楷书

寒，是人的一种感觉，那么，这种感觉该如何描绘呢？我们看，金文的"寒"，是这样一幅画面：一个尖顶的房屋，房中有一个人，人的四周堆放着许多的柴草，脚下有两横表示冰，意思是房屋里都结冰了，要用柴草生火取暖。

天气寒冷，周围的一切都透着寒意。从北方吹来的风，是寒的，叫**寒风**；寒冷的天气里下的雪，是寒的，叫**寒雪**；这时的山，也是寒的，被称为**寒山**；寒夜里的星星也是寒的，那是**寒星**；寒天的麻雀、乌鸦被称为**寒雀**、**寒鸦**。

有人生活贫苦，缺衣少食，也没有取暖的柴炭，这样的人被称为**寒士**；他们的家，是**寒门**；他们住的房屋，是**寒舍**；他们面对的窗户，是**寒窗**。但他们一直不懈努力，经过十年的刻苦学习，终于一举考中进士，从而实现"十年寒窗无人问，一举成名天下知"的梦想。

身体感觉的寒，是外在的，可以忍耐的，那是**耐寒**；有时，心里也会因为失望而感觉到悲凉，那就是**寒心**或**心寒**。

汉字有传承

寒食节

在中国，有一个流传了两千多年的传统节日，号召人们在这一天不生火、不吃热饭，要吃冷食，这就是寒食节。

春秋时期，晋国的公子重耳为躲避祸乱而流亡他国，在长达十九年的流亡生涯中，介子推始终追随在他的左右，不离不弃，危难之际，还救过他的命。后来，重耳返回晋国，成了国君，就是晋文公。回国后，介子推不求功名利禄，带着母亲一起到绵山隐居了起来。

当晋文公封赏群臣时，发现介子推已经走了，十分内疚。他让人打听到介子推的隐居之地，但是，介子推不愿出来相见。为了逼迫介子推出山，晋文公下令放火烧山，坚决不出山的介子推最终被烧死在山中。晋文公十分悲伤，把他葬在绵山，修祠立庙，并下令这一天全国禁火、吃寒食，以表示哀思与纪念，这就是寒食节的由来。

寒食节能够流传下来，不仅仅是因为对介子推这个人的缅怀之情，还因为中国人对忠贞贤孝的一种情怀认同。历代文人画家们也创作了许多关于寒食节的诗文画作，影响着一代代中国人。

汉字有艺术

玉兔加入岁寒三友组合

由松、竹、梅组成的"岁寒三友"组合共担风雨，共抗严寒，是寒冬最佳搭档。那么，它们之间加入一些其他事物会怎么样呢？

北京故宫博物院里就藏有一只仿宣德款青花三友花卉玉兔

纹盘，是明朝隆庆时期的器物。这只盘子跟普通的餐盘大小差不多，整个底色是素白色，没有其他的纹饰，只有内壁一周用蓝色绘出松树、竹枝、梅花。松树根枝盘曲，松针团团茂盛；竹枝细柔，竹叶片片向上伸展；一树梅花横斜而出，朵朵香苞挂上枝头。"三友"都显示出蓬勃向上的生命力。

盘子正中心绘有一个圆形的蓝底，如同一轮满月，中间卧着一只白色的玉兔，蓝线勾勒出玉兔圆硕的身体、长长的耳朵、伏地的四肢及短小的尾巴，不知它在回头凝望什么，处处透露着灵巧与可爱。

岁寒三友不惧严寒，象征着风骨和气节，是人们学习效仿的榜样。玉兔与满月，则是团圆的象征。岁寒三友沉稳平静，玉兔的加入使画面平添了一种活泼灵动，它们同在一个盘子上，大概是想表达气节长久、团圆相聚的意思吧。

汉字有经典

梅花

［宋］王安石

墙角数枝梅，凌寒独自开。
遥知不是雪，为有暗香来。

【译文】

墙角有几枝梅花，在严寒中独自盛开着。远远看去怎么就知道那不是雪花而是梅花呢？因为隐隐地有梅花香气飘过来。

小雪，大雪，雪是主角

雪

【谜语】

叫花不是花，美丽人人夸，
花开不留种，来年又开花。

（打一自然物）

汉字有故事

咏絮之才

东晋时期，一个寒冷的下雪天，宰相谢安在家中举行聚会，与子侄辈一起谈论诗文。过了一会儿，屋外的雪越下越大，谢安突然兴起，想要考验一下家中后辈的文采，于是以咏雪为题，让大家说说这雪像什么。下雪本是平常事件，要咏出不平常的诗句，还需要不平常的才华。谢安的侄子胡儿首先说："撒盐空中差可拟。"（差不多可以说在空中撒盐吧。）谢安微笑着没有说话。侄女谢道韫说："未若柳絮因风起。"（不如说是风吹柳絮漫天飞舞。）她将雪花比喻成春天漫天飞舞的柳絮，那飘飘洒洒的姿态，一下子让人感到春天的气息扑面而来。谢安听了不禁高兴地称赞这一绝妙佳句。

从此，谢道韫有了"咏絮之才"的美称，后世也用这个成语来称赞有才华的女子。

汉字有源头

甲骨文　　　金文　　　小篆　　　楷书

　　雪到底像什么呢？谢家的才子说像盐，才女又说像柳絮，他们一家人的意见都不统一。还有人说像鹅毛，有人说像棉花……那我们看看甲骨文的"雪"是什么样的吧！上面是"雨"，表示雨从空中飘落；下面像是羽毛一样从天而降的雪片。到了金文，上面仍然是"雨"，下面却变成了手拿扫帚的样子，表示可以用扫帚扫起来的雨，也就是雪。

　　我们知道雪是水汽在零摄氏度以下形成的一种白色结晶，形状一般是六角形，是水的一种固态形式。雪下得很少很小，叫**小雪**，小雪还是一个节气；雪下得很多很大叫**大雪**，大雪也是一个节气；伴着大风一起下的大雪，是**暴风雪**；桃花开时下的雪，叫**桃花雪**，也叫**春雪**。雪大多是白色的，所以，颜色像雪一样白的东西，可以用**雪白**、**雪亮**来形容。雪又有洗去、除去的意思，如**雪耻**、**洗雪**。

　　下雪天，人们挡不住严寒，严寒也挡不住人们的热情。有人在老师程颐的门前一站就是半天，希望得到老师的教诲，这是**程门立雪**；有人映着雪光，刻苦读书，希望获得更多的知识，这是**孙康映雪**；有人看到雪中百姓饥寒，便送去粮食和柴炭，这是**雪中送炭**。

汉字有传承

阳春白雪

　　古时有两首非常高雅的乐曲，一首叫作《阳春》，一首叫作《白雪》，合称《阳春白雪》，传说是由春秋时期的音乐名家师旷所作。这两首乐曲，曲调雅致，清高纯洁，但真正能听懂的人少之又少，就连战国时期的文化名人宋玉也这样认为。

　　一次，楚襄王问宋玉："先生是不是德行不高呀，为什么很少有百姓称赞你呢？"宋玉回答说："举个例子吧，就像有歌者在楚国表演，一开始唱的是《下里巴人》（相当于乡村风俗小调），台下跟着唱的有几千人；然后，又唱了《阳阿薤露》（相当于城市民谣），跟着唱的有几百人；再后来，唱了《阳春白雪》（相当于传统古典歌曲），跟着唱的只有几十人了；最后唱到'引商刻羽，杂以流徵'（相当于咏叹调）的时候，跟着唱的只有几个人了。也就是说，歌曲越高雅、越复杂，能唱和的人就越来越少。同样的道理，一个人的品行越高尚、志向越大，能理解他的人就越少。"

后世常用"阳春白雪"来指代高雅、不通俗的文学艺术作品。

汉字有艺术

踏雪寻梅

雪天，会有许多的事情发生：有人饮酒赋诗，有人围炉夜谈，有人在堆雪人、打雪仗，有人雪中看梅花。

相传，唐朝诗人孟浩然隐居鹿门山时，冬天常常冒着雪，骑着驴，到山中去寻找梅花。有人问："是否有新诗作成？"他淡淡地说："吾诗思在灞桥风雪中驴背上。"意思是我的诗思都在灞桥上，风雪中，驴背上。孟浩然是诗界领袖，因此他的行为很容易受到追捧。此后，"踏雪寻梅"就为文人雅士所效仿，在许多诗歌和绘画中，都可以看到诗人雪中寻梅的身影。

◀ 粉彩踏雪寻梅图碗

这件清朝雍正时期的碗，上面画的就是踏雪寻梅图。这件粉彩碗底色洁白，光亮匀净。雪中有两个人，一前一后：前面的男子身穿蓝色长袍，面色沉静，凝目站立，望着山石间伸出的一枝梅花；后面的童子身穿紫色上衣，肩上扛着一枝梅花，红色的梅花点点横斜。两人身后的山峦被白雪覆盖，颜色淡淡的，绵延到远处。画面清新而亮丽，让人赏心悦目，画中寻梅人的高洁气质也跃然纸上。

汉字有经典

逢雪宿芙蓉山主人

［唐］刘长卿

日暮苍山远，天寒白屋贫。
柴门闻犬吠，风雪夜归人。

【译文】

暮色降临，苍茫的山峦看起来十分遥远，天气越来越寒冷，简陋的茅草屋显得更加贫寒。忽然，柴门外传来一阵狗叫声，原来是主人冒着风雪回家来了。

春天长了脚

春

汉字有故事

有脚阳春

春天的阳光像是长了脚，走到哪里，哪里就一片绿意盎然，生机勃勃。唐朝有个人，也像有脚的阳春三月一样，走到哪里，就给哪里带来生机和温暖，这个人就是宋璟。

唐中宗时期，宋璟被任命为谏议大夫。可是没过多久，他就因为向皇帝提意见，惹得皇帝发了怒，被贬到京外做了个刺史。到地方后，他廉洁奉公，为百姓做实事，使得家家户户安居乐业。

后来，他又被调到广州做都督。到了广州后，他发现当地人习惯用茅竹修建房屋，但是茅竹干燥易燃，所以经常发生火灾，给人们的生活带来极大的伤害。宋璟教当地百姓烧砖，建造结实的瓦房，从而大大减少了火灾的发生，受到当地百姓的爱戴。

唐玄宗做皇帝后，宋璟被任命为宰相。一次，他的远房叔叔

参加吏部官员的选拔，对主考官说自己和宋璟是亲戚，希望能得到照顾。宋璟知道后，特地通知吏部，不能给他叔叔官做。

当时，大臣王毛仲深受唐玄宗的宠爱，朝廷上下巴结他的人很多。王毛仲的干女儿要出嫁，唐玄宗问他还缺什么。王毛仲说："有一位客人请不来。"唐玄宗说："那一定是宋璟了。"

正是宋璟这种正直廉洁、刚正不阿的精神，使得朝廷内外形成上下同心、励精图治的氛围。在宋璟的辅佐下，唐玄宗把国家治理得国泰民安，出现了"开元盛世"的好局面。

后来，人们就用"有脚阳春"来赞扬那些爱民有德的好领导。

汉字有源头

甲骨文　　　金文　　　小篆　　　楷书

春是什么样的呢？春天，燕子飞回来了，小草绿了，杏花、桃花等很多花都开了……该如何造这个字呢？总不能把这些花花草草、小鸟小虫都放进去吧？

甲骨文的"春"字，上下是小草刚刚萌芽生长的样子，中间是一个圆圆的太阳，旁边是刚刚长出地面的种芽，种芽一方面向上伸展着，一方面将根扎进泥土里，这不就是阳光普照、草木萌发的春天吗？对，这就是"春"。

春天，到处呈现出生机勃勃、热闹、繁华的景象：植物萌芽、发枝、开花；小动物们从洞穴里爬出来，到处找吃的；小鸟们叽叽喳喳地讨论着，该把巢筑在柳树上，还是旁边的梧桐树上。春天的风，叫**春风**；春天的花，叫**春花**；春天的草，叫**春**

草；春天采的茶叶，叫**春茶**；春天忙着干活，叫**春忙**；但也有人睡懒觉，不肯起床，那是**春眠不觉晓**。

春天里，农人们在忙着**春耕**、**春种**，希望能下点**春雨**，如果这春雨能在**春夜**里下就更好啦！当然，也有人有那么一点忧愁，不过，那种**春愁**，很快就因**春游**的快乐，**一江春水向东流**啦！

汉字有传承

一年之计在于春

画完了九九八十一天的消寒图，经过了九九八十一天的沉寂，人们惊喜地发现，冰雪开始消融，河边向阳的小草开始抽出青青的幼芽，房前的柳枝开始鼓起芽苞向外伸展，有几只小燕子正在寻找去年筑巢的地方，院子里那株杏树有一枝伸出了墙外，开出几朵鲜艳欲滴的红花，像是在报告：春天要来了，这围墙是关不住春色的。

于是，农人开始收拾农具，喂饱耕牛，准备春耕啦！他们知道，一年里的大事要早早谋划，所以他们盘算着，这块地里种什么，那块地里种什么，种几亩玉米、豆子，栽多少果树。主妇们准备了各种蔬菜、果品，做成春饼、春卷，让孩子们大口地咬着吃，这是"咬春"。老人们常说："咬得草根断，则百事可做。"意思是，有了咬断草根的劲儿，那么，还有什么事情做不成呢？

孩子们脱去棉衣，换上春天的衣服，一起去野外春游、踏青，迎着春风放风筝，让春天到来的消息传得更高更远。学生们迎来了新的学期，他们打开新书包，翻开新课本，一起读朱自清的《春》，听老师讲"一年之计在于春"的道理。

汉字有艺术

虢（guó）国夫人游春

　　开创了"开元盛世"的唐玄宗，看到国家日益富强，人民生活越来越安定幸福，听到的赞扬也越来越多，就开始过起了享乐骄奢的生活。他宠爱杨贵妃，并且爱屋及乌，分封杨贵妃的三位姐妹为韩国夫人、虢国夫人和秦国夫人。唐代画家张萱曾作一幅《虢国夫人游春图》，描画的就是杨贵妃的三姐虢国夫人及其眷从盛装去郊外游春的场面。原作已佚，现存的是宋代摹本。

　　画上九人八马，浩浩荡荡地外出踏青游春。人物衣着鲜丽，浓艳中透着雅致秀美，神态从容悠闲，他们边走边谈，所骑的骏马也迈着轻松的步伐，缓缓前行。

▲ 宋　赵佶（传）《临张萱虢国夫人游春图》

虽然画名叫"游春"，但整个画面却没有春天繁盛的花草树木，只有人物衣服上的粉色能让人们联想到春日的桃花；一行人悠闲从容的神态和动作，能让人感受到游春的惬意自在。题为"游春"而不画春景，通过人物轻薄鲜丽的衣衫和轻松自若的神态，向人们展示春日气息，可以说是画家的高明之处。整幅画面，无论是人物的气度，还是骏马的丰姿，都洋溢着雍容、自信、乐观的盛唐风貌。

关于画中九人中何人是虢国夫人这个问题，历来众说纷纭：有学者认为最前面着男装者是虢国夫人；有人认为并排而行的二位盛装丽人中，靠近观赏者的那一位是虢国夫人；也有人认为后面与小女孩共乘一骑的妇人为虢国夫人。到现在，学界仍无定论，只能是仁者见仁，智者见智了。

汉字有经典

春日

〔宋〕朱熹

胜日寻芳泗水滨，无边光景一时新。
等闲识得东风面，万紫千红总是春。

【译文】

天气晴朗的时候到泗水边踏青，无边无际的风光焕然一新。谁都能认出春风的面貌，因为春风吹得百花开放、万紫千红，到处都是春天的景象。

华夏的夏天

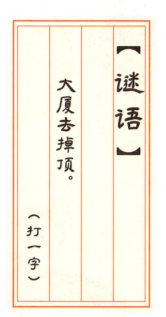

【谜语】

大厦去掉顶。

（打一字）

夏

汉字有故事

夏朝的日食战争

夏朝，仲康统治时期的一天，每天日出而作、日落而息的人们忽然发现，太阳慢慢地从天空中消失啦！这是发生日食啦！

日食在古代可是不得了的大事，因为当时的人们不知道日食发生的原理，认为是天狗吞吃了太阳，所以会敲鼓鸣锣，吓走天狗。而且，他们认为日食是不祥之兆，代表着神灵的责怪，这时国君应该反思自己的过错。

但是，国君仲康认为，这次日食的出现并不是自己的过错，而是负责观察天象变化的官员羲和没有尽心尽职、及时报告日食出现的消息而导致的。他决定讨伐羲和部落。于是，一场由日食导致的战争爆发了！

仲康派大臣胤侯率兵征讨羲和，为了战争的胜利，胤侯做了战前总动员，告诉大家：发生日食，是羲和部落造成的，他们触

犯了先王的政典律法，君主命令我们惩罚他们。但我们只需要消灭作恶的首领，其他的人不用惩治，给他们改过自新的机会。

战争取得了胜利，羲和受到了惩罚。日食只是战争的借口，但仲康君主的地位由此得到加强，夏朝的统治也得以延续。

汉字有源头

甲骨文　　金文　　小篆　　楷书

甲骨文的"夏"，下面是一个跪坐的人，他大大的脑袋上有一只大大的眼睛，向上仰望着天空。天空有什么呢？有一个圆，还有一点，这是表示太阳的"日"呀！太阳当空，在头顶直射，表示这是炎热的夏天。但是，到了金文时，太阳没有了，"夏"字变成了一个有头、手、脚，四肢健壮、高大威武的人，这是上古时候生活在中原地区的人，表示中原古部族，也就是诸夏、华夏。因此，"夏"既是夏天的"夏"，又是华夏的"夏"了。

夏朝，中国史书记载的第一个国家，夏朝的统治延续了470多年，这期间发生了许多事，留传下来的有记录物候的历书《夏小正》，也就是**夏历**，古代的汉字**夏篆**……

夏天来了，随之而来的：有电闪雷鸣，"狂风疾雷撼乾坤"；莲花开了，"接天莲叶无穷碧"；知了叫了，"清风半夜鸣蝉"；青蛙鸣了，"青草池塘处处蛙"；瓜果熟了，"楼高水冷瓜甜"；扇子摇起，"小扇引微风"；蜻蜓点水，"早有蜻蜓立上头"……看，夏天多热闹啊！

汉字有传承

夏雨雨人

夏雨能润泽万物，落在身上也能让人感到滋润。有人也如夏雨一样，给人以及时的帮助，救人于危难之际，这样的人被称赞为"夏雨雨人"。

春秋时期，有个叫孟简子的人，他是梁国的丞相。后来孟简子获罪，就逃到了齐国。齐国的国相管仲接纳了他，向他问道："你当丞相时，家里有多少门客？"孟简子说："有三千多人。"管仲说："现在跟你来的，有几个人？"孟简子说："只有三个人。"管仲说："为什么呢？"孟简子说："这三个人，一个人的父亲去世没有钱埋葬，我帮他埋葬了；一个人的母亲去世没有钱办理后事，我帮他办理了；一个人的哥哥因为官司被关押起来，我帮他将人救了出来。所以，他们三个跟我来了。"因为孟简子在这三个人需要帮助的时候及时施以援手，所以在孟简子患难时，他们三人依然愿意追随他。管仲听完之后感叹道："唉！我也会有衰败的一天。如果我不能像春天的风一样，吹拂在人身上（春风风人），让人舒服，不能像夏天的雨一样，落在人身上（夏雨雨人），让人滋润，那我以后一定会失去人心的。"

后来，春风风人、夏雨雨人，就用来比喻适时地给人以教育或帮助。

汉字有艺术

消夏风扇钟

炎热的夏天，人们想出了各种消暑办法，有的人到河里游

▲ 红木人物风扇钟

泳，有的人放一盆冰在房间里。但是，有没有更方便的、人人可用的消暑办法呢？当然有了，古人很早就发明了扇子，可以随时随地使用，轻轻摇动，便有阵阵凉风扑面而来。

使用扇子的人越来越多，扇子的种类也越来越多，花样也丰富多彩起来。到了清代，有人将当时最先进的钟表和扇子结合在一起，制作出了风扇钟。

这个风扇钟的底座是一个立式钟的样子，最下面是箱座，里面设有抽屉，可以存放物品。往上的底座上面是一个时钟，时钟上面有三个指针，能准确报时。时钟的上面跪坐着一个笑容满面的童子，童子左手拿着一个鲜红的桃子，右手轻摇着一把扇子。童子的身后是木雕的山石和花树，中间是一个瓷瓶，瓶中插着一个立柱，立柱上装着四片蝙蝠形的扇叶。在底座前面有一个孔洞，插入发条钥匙，转动上弦后，童子就会摇起扇子上下挥动，瓶中的四片蝙蝠形扇叶也随之转动起来，带来徐徐清风。

这个钟表不仅能够报时、扇风，还是一件具有观赏价值的工艺品。

96

山亭夏日

［唐］高骈

绿树阴浓夏日长，楼台倒影入池塘。
水晶帘动微风起，满架蔷薇一院香。

【译文】

树木茂盛，树荫浓密，夏日的白天那样漫长，清澈的池塘倒映出层层楼台的影子。微风拂过，水晶帘轻轻摇摆，整个庭院弥漫着蔷薇散发出的芬芳。

【谜语】

禾谷熟了心不愁。

（打一字）

秋

处处飘秋香

日月星辰

97

汉字有故事

秋风扫落叶

　　秋风扫落叶，是说秋风吹来像一把巨大的扫帚，轻轻一扫，就将落叶扫得干干净净。三国时期有个叫辛毗（pí）的人，对曹操说，你打仗也会像秋风扫落叶一样，能轻松迅速地战胜对方。这是怎么回事呢？

　　东汉末年，豪强割据，互相征战。辛毗很有才能，和哥哥一起到袁绍那儿做事。曹操听说他是个不可多得的谋士，就派人请他到自己这里来做官，但辛毗不愿背弃旧主，就拒绝了。后来，袁绍与曹操之间发生了官渡之战，袁绍兵败后，忧愤死去。袁绍的两个儿子袁谭和袁尚相互争斗，袁谭战败，就派辛毗去求曹操的援助，来对抗袁尚。

　　曹操开始答应了辛毗的提议，但随后，曹操又改变了主意。于是，辛毗对曹操说："袁谭与袁尚兄弟互相攻伐，内部谋臣互相争斗；对外，连年征战，又屡次失败；再加上旱灾蝗灾，田园荒芜，百姓饥饿，粮食匮乏，将士没有干粮。谁都知道，袁氏即将土崩瓦解，这是消灭袁氏的最佳时机呀。如果你帮助袁谭攻打袁尚，以你的才智和势力，那就像秋风扫落叶一样，大军一到，就可以消灭袁尚。那时，袁谭也会依附于你，整个河北就是你的地盘了。你可千万不要错过这个机会呀！"

曹操听了辛毗的这番话，觉得很有道理，就同意派兵。第二年，曹操顺利攻占了邺城，袁尚率残兵逃走。

后来，人们就用"秋风扫落叶"比喻用强大的力量迅速而轻易地把腐朽衰败的事物一扫而光。

汉字有源头

甲骨文　金文　小篆　隶书　楷书

秋的颜色太多彩，秋的声音太多愁，秋的香味太丰富，秋天的人们太忙碌：有的忙着收割，有的忙着播种，有的忙着晾晒谷物，有的忙着酿酒，有的忙着登高，有的忙着写诗，有的忙着画画……那到底该造个什么样的"秋"字呢？

甲骨文的"秋"字，竟然像一只蟋蟀！为什么用蟋蟀来表示"秋"呢？蟋蟀是一种爱在秋天叫的昆虫，过了秋天，它的生命也会结束，它的叫声和秋天一起结束。后来，在蟋蟀之外增加了"禾"和"火"，突出庄稼成熟的意思；小篆字形则简省掉"蟋蟀"，直接以庄稼的成熟来表示秋天；隶变时，将"火"与"禾"互换位置，在楷书中写作"秋"。

"秋"的意思是秋天，秋天是丰收的季节，是植物一个自然生长周期的休止，这是古人对季节的划分与界定，所以，"秋"又有年的意思。"一日不见，如隔三秋"，意思是一天没有见面，就好像三年没有见面一样。

"秋"还指某个特定的时期：秋季的第一个月，叫**孟秋**，也叫**初秋**；第二个月，叫**仲秋**；第三个月，也是最后一个月，叫**季秋**；发生事故或事情很多的一段时期，则是**多事之秋**。

汉字有传承

中秋节

秋天，处处飘着果实的清香，望着那满地满场的谷物果蔬，人们怀着幸福与喜悦，举行各种各样的庆祝活动。这样的活动恰与一轮圆月相遇，因此又多了一份团圆的快乐，中秋节这个古老的节日，就这样伴随着华夏儿女走过了几千年的岁月。

中秋节是家人团聚的日子，圆月之下，人们摆上各种瓜果时蔬，遥拜月中嫦娥，吃着象征团圆的月饼。在南方某些地区，人们会"树中秋"，就是做兔子灯、阳桃灯、木瓜灯等各种各样的彩灯，高高挂起，让彩灯在夜空下闪耀。在北方某些地区，人们会用泥巴做出威严的兔儿爷，放在桌台上祭拜，也会做一些可爱的卡通兔儿爷，给孩子们当玩具。

中秋时节，那满枝满树的金桂，将阵阵香气源源不断地分享给人们。不愿辜负桂花盛情的人们，不但会到桂树下欣赏桂花的美丽与芬芳，还把桂花带回家，酿制出一坛坛桂花酒，让花香更长久。

然而，并不是每个中秋节都是美好的。元朝统治末期，政府残酷地欺压百姓，让人忍无可忍。这一年的中秋之夜，朱元璋决定发动起义，并将起义时间的纸条藏在月饼里，因此，这次起义也被称为"月饼起义"。此后，中秋吃月饼的习俗才开始在民间流传开来。

唐朝的皇帝唐玄宗，非常喜欢音乐。一年中秋夜，他对着明月，无限向往，神思恍惚中仿佛听到月宫中仙乐袅袅，看到仙女衣袖飘飘，翩翩起舞，于是，提笔谱写了一首《霓裳羽衣曲》。

中秋节是我国的传统节日，是团圆的日子，以月之圆寄托了人们思念故乡、思念亲人的感情。

汉字有艺术

枫叶秋虫

清朝的乾隆皇帝对秋天情有独钟，欣赏的角度也与众不同，他命人打造出了许多器物，来表达自己对秋天的喜爱。

▲ 剔红枫叶秋虫图盒

这个红色的盒子，就是其中的一个。盒子的形状是枫叶形，上面有两只秋虫，一只是秋蝉，一只是蝈蝈。秋天，枫叶经霜之后会变成鲜艳的红色，是秋天的标志之一。秋蝉和蝈蝈在秋天鸣叫得十分响亮，也是秋天的标志之一。看到红色的枫叶和秋虫这些独属于秋天的景致，自然能感到浓浓的秋意。

　　此盒采用的是中国特有的雕漆工艺。这种工艺是把油漆反复多次涂抹在物体的表面，形成一层厚厚的漆面，然后在漆上进行雕刻。雕漆工艺发展到清代，装饰纹样更加丰富多彩，可以说是无所不有且充满诗情画意。雕漆是中华民族传统工艺的瑰宝和精华，与景泰蓝、象牙雕刻、玉雕一起被誉为京城工艺的"四大名旦"。

　　这个剔红枫叶秋虫图盒不仅雕刻精细纤巧，而且匠心独具，枫叶栩栩如生，秋虫形象逼真，自然生动。

汉字有经典

秋词二首·其一

［唐］刘禹锡

自古逢秋悲寂寥，我言秋日胜春朝。
晴空一鹤排云上，便引诗情到碧霄。

【译文】

　　自古以来，文人墨客们都会因秋天的萧条景象而悲伤，我却认为秋天的美丽远远超过春天。晴朗的秋日天空，一只仙鹤冲开云层，扶摇直上，我的诗情便随着仙鹤一起飞上了云霄。

水结成冰

冬冬冬

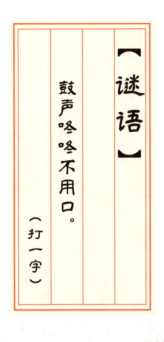

【谜语】

鼓声咚咚不用口。

（打一字）

汉字有故事

雪中送炭

北宋淳化四年的冬天，寒风阵阵，大雪纷纷，东京开封的大街小巷都被冰雪覆盖。

宋太宗赵光义坐在温暖的皇宫里，望着漫天的雪花，以及时而掉落在宫殿台阶上的冰凌出神。炉内的炭火烧得很旺，房屋里暖融融的，宋太宗品尝了一口冒着热气的美味点心，心想：下雪是一件赏心悦目的事，文人雅士们倾心于此，那是应该的。可是，那些贫苦的人在冰天雪地中，吃饱了吗，穿暖了吗，有人挨饿受冻吗？他们该如何度过这漫漫寒季呀？

想到这里，宋太宗再也无心看雪景，立即叫来手下的官员，命令他们带上粮食和木炭，把它们挨家挨户送给那些贫苦的人们。有了粮食，贫苦的人们可以吃上热乎的饭，填饱肚子；有了木炭，他们可以生火取暖。这个冬天，不再寒冷，人心也一下子温暖了许多。

成语"雪中送炭"由此而来，后来多比喻在别人危急或困难时及时给予帮助。

汉字有源头

甲骨文　　　金文　　　小篆　　　楷书

冬天给人的感觉是寒冷，那么，甲骨文的"冬"是不是和冷有关呢？我们看，甲骨文的"冬"，像是一根绳子两头打结的样子，意思是终结。冬季是一年中的最后一个季节，庄稼收起来了，动物们躲起来了，人们减少各种活动，在房屋里避寒，等待着新的一年万物复苏，所以，一年终结的时候就是冬。小篆"冬"字在下面加上了表示寒冷的冰凌形，上部将两点贯穿为一横，表示寒冷的冬季。因此，"冬"既有终结的意思，又指冬天、冬季。

冬天虽然被冰雪、寒冷主导，但是一些事物却在悄然孕育。**冬小麦**在雪被里积蓄着力量，等待着春天的到来；**冬笋**探出头，想摘取第一缕春光；有人敲开河冰，脱下**冬装**，跳入水中，挑战寒冷与极限，那是**冬泳**。

汉字有传承

饮冰室主人

寒冷一般会给人带来不适，让人想要远离。然而，有个人对寒冰丝毫不畏惧，恨不得"饮冰吞雪"来消除心中的焦躁与忧虑。于是，他把自己居住的地方叫饮冰室，自称饮冰室主人，这个人就是梁启超。

梁启超生活在清朝末年，当时的清政府腐败无能，对外无力对抗企图瓜分中国的列强，对内使百姓生活在水深火热之中，国家面临着严重的内忧外患。在国家民族危亡的时刻，梁启超与康有为一起向当时的光绪皇帝提出维新变法，希望通过政策改良，使国家走向富强。然而，维新变法很快以失败告终。但梁启超并没有因此放弃救国行动，他创办杂志，宣传维新思想。为了让更多的大众了解新思想，他积极参与"诗界革命"和"小说革命"，并发明了一种介于古文和白话文之间的，普通百姓也能看懂的"新文体"。他热切地写出了《少年中国说》，希望能唤起广大民众的觉醒，唤起人民的爱国热情，激起民族的自尊心和自信心，希望出现一个朝气蓬勃、勇于进取的中国。

如今，读起《少年中国说》，仍然让人感觉到饮冰室主人那种激昂的热情，如咚咚的擂鼓声，振奋人心。

汉字有艺术

宫廷冰戏

寒冷的冬天将许多人困在了房间里，却无法挡住孩子们爱玩的天性，尤其是遇到冰这种天然玩具，孩子们总是能玩得不亦乐乎。

这幅《冰戏图》描画的就是这样一个场景：萧瑟的寒风中，苍白的院墙前，一株老梅树上，梅花浅浅淡淡地开着；池塘被冰覆盖，一群活泼好动的儿童，尝试着在冰上玩耍，两个最先来到冰面上的儿童，一个不小心摔了个仰面朝天，一个手脚并用，试图爬上岸；紧跟在后面的三个孩童，来不及停下，也歪歪扭扭，似乎要跌倒；还有一个儿童试图走下台阶，又小心翼翼，担心摔倒；池塘边，几个儿童手中的竹枝、长戟、如意都派不上用场，这些儿童只能嬉笑着，注视着冰面上的伙伴们。

清代宫廷画家金廷标笔下的儿童们，在结冰的池面上玩得不亦乐乎，冬天的寒冷被他们抛到脑后，只剩下眼前的一派热烈与喧闹。

◀ 清　金廷标《冰戏图》

汉字有经典

稚子弄冰

［宋］杨万里

稚子金盆脱晓冰，彩丝穿取当银钲（zhēng）。
敲成玉磬穿林响，忽作玻璃碎地声。

【译文】

清晨，孩子们将冻在铜盆里的冰块倒出来，然后用一根彩线穿起来，当作银锣。轻轻敲击冰块，它发出的声音就像玉磬的乐音一样响彻林间，忽然传来一声玻璃碎裂的声音，原来是冰锣掉到了地上。

看风景的人

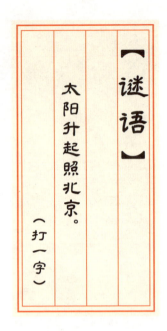

【谜语】

太阳升起照北京。

（打一字）

汉字有故事

景公求雨

　　有一年，齐国发生了旱灾，许多天都不下雨，庄稼无法播种，很快就会发生饥荒。作为国君的齐景公十分着急，就召集大臣们来商议应对的办法，他问道："已经很久没下雨了，老百姓将要饿肚子。我让人占卜，说是山神和河伯在作怪。我想增收一点赋税，去祭祀山神，可以吗？"大臣们听了，一言不发。

　　这时，相国晏子站了出来，回答说："我认为不可以。祭祀山神没有什么用处。山神的身体是石头做的，头发是小草、树木做的，这么长时间不下雨，山神的毛发被晒得枯黄，身体滚烫难耐，它难道不想下雨吗？你去祭祀它，有什么用呢？"

　　景公说："这样的话，那我去祭祀河伯，行吗？"

　　晏子答道："也不行。河伯生活在水中，水就是它的国域，鱼鳖就是它的臣民。这么长时间不下雨，江河将要干涸，它的国家将要消失，臣民将要死亡，他难道不想要下雨吗？祭祀它有什么用处呢？"

景公说："那我们怎么办呢？"

晏子回答说："国君如果能走出宫殿，到野外去，像山神河伯一样，为自己的百姓分忧，上天或许会降下一场雨来。"

景公听了晏子的建议，走出宫室，深入民间，体察民情。过了三天，果然下起了大雨，百姓抓紧时间播种了谷物。

这个故事告诉我们，遇到困难要勇敢面对，积极行动，才能渡过难关。

汉字有源头

小篆　　楷书

"景"由"日"和"京"组成，"日"是太阳，"京"是高大的房屋，也表示读音；两个字合在一起，即太阳照在高高的房屋上，本义指日光，也指太阳。

阳光下的万物，处处洋溢着生机与活力，让人赏心悦目，"景"又引申指风光。春天的景色，是**春景**；秋天的景色，是**秋景**；近处的景色，是**近景**；远处的景色，是**远景**；用相机拍照，要**取景**，最好先找一个**背景**，这样才能不辜负这如画的**奇景**。

"景"是阳光下的风景，有光就有影，如阴影、背影。所以，在古文中，"景"与"影"常常通用，读作"yǐng"。如**景从云集**，指像影子一样跟随着和像云朵一样聚集过来，形容追随者众多。

"景"字有如此美好的意境，古代的帝王们自然不会放过，许多帝王的年号中都有"景"字，希望帝业能像阳光一样普照百姓。比如，宋真宗赵恒的年号叫"景德"，明代宗朱祁钰的年号叫"景泰"等。

汉字有传承

景泰蓝

明代宗朱祁钰年号景泰，在明朝的皇帝中并不起眼，因为他在位仅有八年。但就是在这八年间，有一种技艺盛行一时，此后经久不衰，那就是景泰蓝。

景泰蓝深受国人的喜爱，却不是中国原产的，而是元朝时从西方传入，到明代宗景泰年间制作工艺达到巅峰，最终成为地地道道的中国工艺。

◀ 錾胎珐琅太平有象

景泰蓝又叫"铜胎掐丝珐琅",简单地说,是用又细又薄的铜丝,掐成图案,粘在铜胎上,并在上面按照图样填上各种颜色的珐琅釉料(以蓝色为主,所以叫点蓝),然后放到窑中烘烧。就这样反复多次,使珐琅釉达到和铜丝一样的厚度,再将釉和铜丝的表面打磨平整,使之光滑,最后,将铜丝镀上金。如此,一件精美华丽的景泰蓝就制作完成啦!

清代景泰蓝工艺得到了空前的发展,宫廷中到处可以见到景泰蓝制品,如桌椅、床榻、酒具、砚台、笔架、建筑装饰、宗教用品等等。此外,民间也出现了许多景泰蓝商号,有的甚至闻名中外,如老天利商号。老天利商号生产的"宝鼎炉",1904年在美国芝加哥世界博览会上获得了一等奖,1915年在巴拿马万国博览会上又荣获一等奖,引得各国纷纷购买。

汉字有艺术

粉彩荷花自成景

这个粉色的荷花瓣一样的东西,是什么呢?

这是一个粉彩荷花吸杯,杯子形似荷花瓣,可以盛水或酒。咦,吸管在哪儿呢?荷花上的荷梗中间是空的,可以从杯中直接吸食杯中物,这就是吸管。吸管与杯子融合在了一起,荷花与杯

▲ 粉彩荷花吸杯

子合二为一，浑然天成。

淡绿色的荷梗上，有一行字："大清光绪三十四年安徽太湖附近秋操纪念杯。"由此可知，这是光绪三十四年安徽太湖"秋操"（也就是秋季军事演练）时制作的纪念杯，所以，这个杯子又叫"秋操纪念杯"。

粉彩始创于康熙年间，成熟盛行于雍正、乾隆两代。与掐丝珐琅彩用铜丝作画，将釉料填在空白处不同，粉彩是画师直接使用釉料在瓷器上绘画，这种制法使器物的颜色更鲜艳明亮，画面更丰富多彩，神韵更生动自然。

汉字有经典

忆江南

［唐］白居易

江南好，风景旧曾谙。
日出江花红胜火，春来江水绿如蓝①。
能不忆江南？

① 蓝：蓝草，一种可以提炼染料的植物。

【译文】

江南好呀，江南美丽的风景，我曾经是那么熟悉。每当太阳从东方升起，江边盛开的鲜花艳丽得就像燃烧的火苗；春天来了，江水的碧绿胜过蓝草。这样美好的景色，怎能不让我常常想起江南呢？

年年岁岁
花相似

【谜语】

总共三百六十五天。

（打一字）

汉字有故事

赶走年兽好过年

很久以前，有一种叫"年"的怪兽，它头长犄角，尖牙利齿，眼睛像铜铃，凶猛异常。它平时居住在海底，每到除夕就会爬上岸来，吞食牲畜，伤害人类。为了躲避年兽的伤害，人们在除夕这天纷纷扶老携幼逃往深山。

后来，人们发现年兽害怕红色、火光和巨大的响声。这一年，在年兽要来的时候，家家户户在门上贴上红纸，挂起灯笼，在房间里点燃蜡烛，在屋前燃放爆竹。看到红彤彤的火光，听到噼噼啪啪的声音，年兽吓得跑了，人们都非常高兴。

所以，每到除夕，人们都会贴上红色的对联，挂起灯笼，点燃蜡烛，燃放鞭炮，赶走年兽，红红火火地过大年。

当然，这只是传说，其实，年是人们对自然的一种朴素的认知。在长期的生活中，人们发现：年一来，树木就会凋敝，百草

不生；年一过，万物就会生长，鲜花遍地。如此年复一年，年年春来花枝繁，岁岁冬去花又艳，年年岁岁过大年，岁岁年年往下传，慢慢就有了过年的说法，这些过年的习俗也保留了下来。

汉字有源头

| 甲骨文 | 金文 | 小篆 | 楷书 |

甲骨文的"年"，上面是一束成熟谷物的形状，下面是一个人弓着背的样子，即庄稼成熟了，人们将收获的谷物背回去。庄稼一般一年一熟，因此，"年"是一个时间单位。正在过的一年，叫**今年**；已经过去的一年，是**去年**；将要到来的一年，是**明年**。

为了庆祝丰收，迎接新一年的到来，中国有过年的习俗。这时候，人们会在门上、房屋里贴上吉祥喜庆的图画，叫**年画**；孩子向长辈祝贺新年，叫**拜年**；长辈还会把钱装在一个红包里给孩子，叫压岁钱，祝愿孩子平平安安。

过了年，人们就会长一岁，所以，"年"又指年纪、年岁。人的一生可以分为**幼年**、**童年**、**少年**、**青年**、**中年**、**老年**。从翩翩少年到有志青年，到哀感中年，又到古稀之年，人的一生就像流水，匆匆而过，所以我们要珍惜美好的年华。

汉字有传承

三年不窥园

春日暖阳，蝶蜂飞舞，鸟语花香，正是踏青游玩的好时候。可是，古时候有个人竟然不为春光所动，三年都没去家中的花园游玩过。这个人是谁呢？

他就是西汉的董仲舒。董仲舒小时候很聪明，但他并没有自恃聪明就不踏实用功了。相反，他十分喜欢读书学习，拿起一本书就放不下来，一定要一口气读完，甚至可以不吃饭不睡觉，从天明读到天黑，点上灯再继续读，一直读到深夜。就这样，一天天，一月月，他逢书必读，每读必熟。

可是，慈爱的父亲看在眼里，急在心里，让人在书房的后面修建一个花园，想让董仲舒在读书的间隙，到花园里散散步。第一年，花园基本修好了，园里阳光明媚，绿草如茵，花枝招展，燕语莺鸣。董仲舒的姐姐多次拉着他到园中玩耍，可他手捧竹简，边走边看，对园中的景色一点儿不感兴趣。

第二年，小花园建起了假山。邻人亲友的孩子纷纷爬到假山上玩，小伙伴们叫他，他也不为所动，继续读书学习。

第三年，花园完全建成了。亲戚朋友们都来游玩，夸董家花园建得精致。父母让董仲舒去玩，他只是点点头，仍埋头学习。中秋节的晚上，全家在花园中赏月聊天，却不见董仲舒的身影。原来他趁家人赏月之际，又找先生研讨诗文去了。

就这样，董仲舒遍读儒家、道家、法家、阴阳家等各家的书籍，最终成为令人敬仰的儒学大师。

汉字有艺术

年年有鱼

　　以前过年时，最少不了的就是年画啦！年画要贴那些吉祥、喜庆、颜色鲜艳亮丽的，以显示过年的红火与热闹。所有的年画中，"年年有鱼"非常受欢迎。

　　年年有鱼，又叫连年有余，画上通常是一个白白胖胖的娃娃，身上戴着一个肚兜，浓眉大眼，炯炯有神，骑着或抱着一条大红鲤鱼，身后是盛开的莲花，底下还有波光粼粼的水浪。当然，在现实生活中，很少会出现这样的画面。这类年画却将莲花、鱼和胖娃娃组合在一起，"鱼"与"余"谐音，"莲"与"连"谐音，意思是年年都有充足的财富和食物，这表达了人们对于幸福生活的向往。

不仅年画要贴"年年有鱼"，窗花要剪"年年有鱼"，甚至枕头套也要绣上"年年有鱼"，花瓶也要画上"年年有鱼"，春联要写"吉祥如意年年有余，五谷丰登岁岁平安"。拜年时，我们也会说："祝您年年有余，万事如意！"

汉字有经典

田家元日

［唐］孟浩然

昨夜斗回北，今朝岁起东。
我年已强仕，无禄尚忧农。
桑野就耕父，荷锄随牧童。
田家占气候，共说此年丰。

【译文】

　　昨夜北斗星的斗柄从北方转向了东方，今天新的一年又开始了。我已经四十岁了，虽然没有官职，但仍为百姓忧虑。和桑园里耕作的农家人聊天，扛着锄头和牧童一起劳动。农家人推测自然气候，都说今年将会是丰收年。

走过四季

季

汉字有故事

季布一诺

秦朝末年，有一个叫季布的楚国人。他性情直爽，为人侠气仗义，只要是他答应的事情，无论遇到多大的困难，都会想办法做到，从不失信于人。因此，人们常说："得黄金百，不如季布一诺。"意思是，既使得到一百两黄金，也不如得到季布的一个承诺。

季布开始加入楚军，与项羽一起抗击残暴的秦朝。秦朝灭亡后，项羽和刘邦相互争斗，挑起战争，季布多次给项羽出主意，让刘邦的军队吃了几次败仗。后来，刘邦战胜项羽当上了皇帝，想起季布仍然十分气愤，就下令在全国捉拿季布。

可是，人们都很尊敬季布，暗中帮助他躲避官府的缉拿。季布乔装后，住在一户姓朱的人家，帮着做工，维持生计。朱家明明知道他是季布，仍愿意收留他。一次，朱家的主人到洛阳拜见刘邦的好朋友、西汉的开国功臣夏侯婴，请求他向刘邦说情，取消对季布的通缉。夏侯婴也十分敬佩季布的为人，就答应了。在夏侯婴的劝说下，刘邦撤销了对季布的通缉令，还封季布做了官。

季布因为一诺重于千金，受到众人的敬仰与爱戴，并因此保全了自己的性命。成语"季布一诺""一诺千金"也流传了下来，用来形容一个人信用极好，说到做到，言出必行。

汉字有源头

| 甲骨文 | 金文 | 小篆 | 楷书 |

甲骨文的"季"，上面像是一棵禾苗，下面像是一个小孩，合起来表示幼小的禾苗。引申指少、小，也指弟兄排行里第四或最小的，如伯仲叔季。

"季"还可以用来表示排行第三的，比如演讲比赛第一名是冠军，第二名是亚军，第三名就是**季军**。一年有春夏秋冬四个季节，春季三个月中的最后一个月，叫**季春**；夏季的最后一个月，叫**季夏**；秋季的最后一个月，叫**季秋**；冬季的最后一个月，自然叫**季冬**啦！

"季"还指一段特殊的时间，如：商品销售很好的一段时间，叫**销售旺季**；销售不好的那段时间，是**销售淡季**；下雨多的一段时间，叫**雨季**；体育项目集中比赛的一段时间，叫**赛季**。

汉字有传承

四季的脚步

一年有四季，曰春夏，曰秋冬。这是古人智慧的总结，因为他们发现：

春季是一年的开始，风和日暖，植物发芽，燕雀筑巢，蛰虫苏醒，春耕播种。到处都洋溢着生机与活力，一切都是那样鲜活，带给人们无限的希望。

夏季是一年中气温最高的季节，天气炎热，电闪雷鸣，狂风暴雨。不过，万物会快速生长，一切都在夏季浓郁的气氛中积蓄着能量。

秋季是收获的季节，候鸟南飞，植物凋零，黄叶飘落，果实成熟，热与冷交替，生命逐渐消逝却又留下饱满的种子，静待明年春天的新生，逝去与新生在这个季节交接。

冬季是一年中最寒冷的季节，植物静默，动物冬眠，冰雪覆盖，一切都在潜藏中积蓄着新一轮的生命力量。

春种、夏长、秋收、冬藏，就这样年复一年，四季循环，周而复始，从春到冬，形成了特定的生活节奏与韵律。地球在一年四季的往复循环中不停地运转；生物在一年四季的往复循环中生生死死，不断进化；人类在一年四季的往复循环中代代相传，不断进步。

汉字有艺术

罐上有四季

四季有变化，风景各不同，但时光流逝，如何能保留四季的山水风光呢？有人创作了以四季为主题的画作，将春夏秋冬的景色画成四幅画，并列挂在一起，做成四季屏；也有人独出心裁，将四季的风光放到了一个罐子上。

◀ 粉彩开光四季山水盖罐

这件清朝的粉彩盖罐，周围布满缠枝莲纹，中间有四个圆形的画面，分别画着春夏秋冬四季的风光。春天，柳枝青青，桃花盛开，远山苍翠，人们在春风中划船游览；夏天，绿荫浓密，一树繁花盛开，池塘荷叶团团，一个人悠然划着一条小船，远处青山高耸，有人在游廊里纳凉；秋天，大雁南飞，红叶点点，山丘

苍黄一片，几处茅屋静寂无人，小船上只有一个游客，摆渡人在轻快地划着桨；冬天，远山、房屋和树木都被厚厚的积雪覆盖，房屋前站着仿佛在告别的两个人……

　　盖罐造型新颖，色彩绚丽，镂空的罐盖像一座小亭，玲珑剔透，与罐底边的鎏金花边相互映衬，显得格外精致。转动罐子，就可以欣赏四季的美景，山、水、人、物都被囊括其中，景中有物，物中有人，人在山水间纵情，显示出了高超的绘画艺术和陶瓷烧造技术。

汉字有经典

短歌行（节选）

［唐］子兰

四季倏往来，寒暑变为贼。
偷人面上花，夺人头上黑。

【译文】

　　一年四季转眼之间就过去了，寒来暑往，时光就像一个小偷。它偷走了人脸上如花的容貌，染白了人头上的黑发。

好多好多节

汉字有故事

勤俭节约的季文子

　　季文子是春秋时期鲁国的贵族，担任正卿，相当于国家的执政大臣兼最高指挥官，可以说是大权在握。但季文子的生活十分俭朴，并且要求家人也和他一样，勤俭

度日。

孟仲孙见季文子这样节俭，甚至到了吝啬的程度，就对他说："你身居要职，却穿得这样寒酸，难道不怕被别国的人笑话吗？你为什么不改变一下呢？"

季文子听了，淡然一笑，严肃地说："我也希望把家里布置得豪华典雅，但看看我们的百姓，许多人吃着粗糙地难以下咽的食物，穿着破旧不堪的衣服，挨饿受冻。想到这些，我怎能忍心添置家产，装扮妻妾，用精粮养马呢？我们都知道，一个国家的强盛与荣耀，离不开臣民的高洁品行，而不是用美艳妻妾和漂亮骏马的多少来评定的。既然是这样，我怎能接受你的建议呢？"

孟仲孙听了，脸上露出羞愧的神色，他对季文子更加敬重了。从此，孟仲孙以季文子为榜样，过起了俭朴的生活，只穿普通的衣服，只用谷糠、杂草喂马。在季文子的带动和倡导下，鲁国朝野形成了俭朴的良好风气，国力得以提升。

汉字有源头

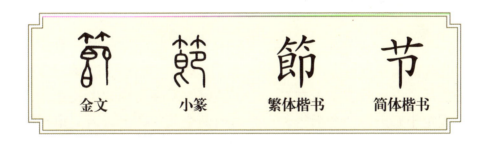

| 金文 | 小篆 | 繁体楷书 | 简体楷书 |

"节"有节日、节气等意思，可它为什么是草字头呢？其实，现在的"节"是简化字，繁体写作"節"，是竹字头，表示这个字和竹子有关。繁体楷书的"节"，上面是"竹"，表示竹子，下面是"即"，表示读音，"节"的本义是竹节。

竹节是竹筒之间的连接处，也有将两者分开的意思，所以，骨头与骨头之间的连接部分，叫**关节**或**骨节**。节将东西分成一段一段的，又指段落、分段，将时间分成不同的季节，叫**时节**。生活中值得纪念的重要日子，叫**节日**。我们的传统节日有春节、元宵节、清明节、端午节、中秋节等，新的节日有国庆节、劳动节等，国外的节日有圣诞节、万圣节等。庆祝节日，人们要表演各种**节目**。

"节"还有**节制、节操、节约**的意思。虽然我们现在的物质生活越来越丰富了，但也不能无限制地使用甚至糟蹋各种资源，要有节制，从而减少地球资源浪费，保护地球环境。

古时还有一种节，叫**符节**，是一种信物，代表国家和皇帝，见到拿符节的人，就像见到皇帝一样。拿着符节，到别国去完成外交任务的人，叫**使节**，现在多指出使国外的官员，比如外交大使，也叫**外交使节**。当然，现在的外交使节不再手拿符节了，但他们肩负的责任与使命是相同的，关键时刻所表现出的坚毅不屈的志气和节操也与古代的使节一样。

汉字有传承

听节气的物语

古人很早就制定了历法，以三百六十五天为一年，根据自然万物的生长变化，又将一年分成了春夏秋冬四季，四季又分成十二月，一个月三十天左右。为了更好地反映万物的生长变化，又规定十五天为一个节气，一个月有两个节气。十五天，也不能详细地反映万物的生长变化，于是，又将十五天分成三候，五天为一候，一年总共七十二候，每一候里，动物、植物、气候都会发生新的变化。

历法指导人们按照节气时令进行农业生产：春天来了，植物萌发，这时要播种谷物；夏天来了，雨水增多，正是植物生长的好时候，这时要施肥、除草；秋天来了，树叶黄落，庄稼成熟，要赶快收割，再种下越冬的小麦等农作物；冬天来了，冰雪覆盖大地，动物休眠，候鸟南飞，人们也该好好休养，庆祝一年的丰

收，期盼春天的来临。就这样，随着节气时令的变化，许许多多的节日出现了，人们送走一个节日，又迎来一个新的节日。

　　二十四节气是古人长期观察天体运行规律的结果，是中国古人智慧的结晶，其中所体现的一年中时候、气候、物候的变化周期，对我们现在的生活劳动仍然发挥着重要作用。因此，二十四节气被称为中国的第五大发明，还被联合国教科文组织列入人类非物质文化遗产代表作名录，也就是我们常说的"非遗"。

汉字有艺术

青玉竹节杯

　　在中国人心中，竹子是"花中四君子"（梅兰竹菊）之一，所以，竹子的节不仅是一种生物特征，还象征着节制、节约、气节。因此，竹节一直受到文人雅士们的追捧与热爱，这种热爱也体现在他们所使用的器物上。

▲ 青玉竹节杯

　　这件竹节杯就是其中的一个代表。它是明朝时期的物件，由青白色的玉石雕刻而成。根据玉的形状与颜色，竹筒被雕成三节，两节中空，作为杯身，下面的竹节当作杯底。随着玉石的自然弯曲，杯子也微微弯曲，杯子的手柄被雕成卷曲的竹节形状。

杯身用浮雕手法，雕刻着竹叶和竹枝，立体生动，栩栩如生，仿佛是一段真的竹节。稍微弯曲的杯身造型和竹节的坚实与硬朗相互衬托，自然而灵动。

这个杯子能用来做什么呢？喝水？喝酒？但是如此精美的玉器，用来喝水或者喝酒都有些太奢侈，更多的时候，是用来欣赏吧。

汉字有经典

清明

[唐] 杜牧

清明时节雨纷纷，路上行人欲断魂。
借问酒家何处有，牧童遥指杏花村。

【译文】

清明时节，雨纷纷扬扬地下着，路上的行人一个个失魂落魄，十分忧伤。向牧童打听哪里有卖酒的人家，牧童笑着用手指向远处，那儿有一个开满杏花的小山村。

满满的**元**气

【谜语】

花园周围没围墙。

（打一字）

汉字有故事

连中三元的黄观

　　连中三元是指在连续三次考试中都得第一名，这三次考试可不是平常的考试，而是古代科举考试中的乡试、会试和殿试。

　　明朝就有这样一个连中三元的人，他叫黄观，是安徽池州人，从小就聪明好学，勤奋努力。对于书本上不明白的问题，他喜欢刨根问底；对于现实问题，他善于思考评论，不愿意做那些虚浮的文章。因此，在地方举行的被称为县试、府试、院试的考试中，他三次都是案首，也就是三次都是第一名。

　　二十六岁时，黄观又参加州府举行的乡试，乡试每三年才举行一次，相当于现在的地区考试，黄观一下子就考取了第一名，当了解元。第二年，他又参加了中央举行的会试，相当于现在的全国统考或国家公务员考试，又取得了第一名，当了会元。最后，他参加了由皇帝朱元璋主持的殿试，朱元璋亲自出题，黄

观根据国家的实际情况，提出了"屯兵塞上，且耕且守，来则拒之，去则防之，则可中国无扰，边境无虞"的主张，受到朱元璋的赞许，被选为殿试第一名，即状元。

于是，年仅二十七岁的黄观在三次地方考试连续三次考了案首后，又连中三元，创造了考场中的奇迹，被称为"六首"。人们称赞他是"三元天下有，六首世间无"，意思是连中三元的人还有，但六次都得第一名的，世上还没有。

后来，"连中三元"多用来表示对考生的祝愿，希望考生考试顺利，取得好成绩。

汉字有源头

| 甲骨文 | 金文 | 小篆 | 楷书 |

甲骨文的"元"字，下面是一个人形，人形上部有一横或者二横，表示人的头部。头在身体的最上面，有开始、起初的意思。一年中第一个太阳升起的日子，就是**元旦**。新年的第一个月圆之夜，正月十五，就是**元宵节**，又叫**上元节**。

"元"有开始、第一的意思。一个国家中的第一人、说话最有分量的人，人们以他为首领，就称他为**元首**；一个军队中的第一人、最有权威的人，被称为**元帅**；考试取得第一名的，被称为**状元**。

中国还有一个叫"元"的朝代，是由蒙古族建立的，它的名字来源于《易经》中的"大哉乾元"，意思是希望元朝能够拥有比任何一个朝代都广大的土地，国力更强盛。元朝时盛行的杂剧和散曲，被叫作**元曲**。旧时还有一种用金子或银子做成的船形金银锭，叫作**元宝**。现在，"元"还是人民币的货币单位，一元等于十角。

元旦原来是春节

元旦是新年的第一天，也就是每年的一月一日，而古代所说的一月一日，是指农历新年的正月初一。所以，古时的元旦就是春节。宋代王安石的诗作《元日》，写的就是人们过春节的情景。

元旦是什么时候出现的呢？传说，上古有一个叫尧的部落首领，他为百姓办了很多好事，深受百姓爱戴。尧把首领的位子传给了德才兼备的舜。尧对舜说："我把首领的位子传给你，是因为你的德行，你今后也要把首领的位子传给有德行的人，这样，我死后才能安心。"后来，舜把首领的位子传给了治洪水有功的禹，禹也像舜那样，为百姓做了很多好事，深受百姓爱戴。为了感念他们的恩德，人们把舜帝祭祀天地和尧的那一天当作一年的开始，也就是"元旦"。

为了庆祝这个重要的日子，人们燃放鞭炮、贴春联、祭拜祖先神灵，祈求丰收与幸福，亲朋好友也会互致祝贺。这一天，人们会早早起床，穿上新衣服，打扮得整齐漂亮，精神焕发，元气满满，迎接新年的第一缕阳光。

三元送喜

古代的科举考试是读书人走上仕途的重要途径，一旦高中，就可以得到高官厚禄，从普通学子一跃成为朝廷大臣、国家栋梁。所以，在科举考试中榜上有名是古代读书人梦寐以求的事。因此，也经常出现反映这类主题的绘画。

这幅《三元送喜图》相传是宋末元初的画家钱选所绘。桐荫下，三个儿童正在一起赏画。左边的儿童坐在圆凳上，两手扯着画轴；中间的儿童背对着画面，两手交叉背在身后，手上拿着一幅画；右边的儿童扯着画轴的条带，三个人都认真观察着画轴里的香橼花和喜鹊。

画作以三个儿童表示状元、会元和解元，以其中的花禽——香橼（yuán）花和喜鹊，谐音表示三"元"送"喜"，蕴含了科考高中的吉祥寓意。

◀ 元　钱选（传）《三元送喜图》

汉字有经典

元日

［宋］王安石

爆竹声中一岁除，春风送暖入屠苏。
千门万户曈曈日，总把新桃换旧符。

【译文】

在一阵阵噼噼啪啪的爆竹声中，旧的一年过去了，和暖的春风中，人们畅饮着新酿的屠苏酒。早晨初升的太阳照耀着千家万户，人们忙着把旧的桃符取下，换上新的桃符。

历历如画

历

汉字有故事

直书历史的齐太史

春秋时期，齐国的大臣崔杼（zhù）杀死了齐庄公，扶持庄公的弟弟做了新的齐王，并自封为相国，把持朝政。他很担心这件不光彩的事被史官记录在史册上，留下千古骂名。于是，他将负责记载史事的太史伯找来，说："你一定要写先君是病死的。"

太史伯反对说："按照事实写历史是史官的职责，哪儿能颠倒是非，捏造事实呢？"

崔杼没想到一个史官，没有权势，没有兵器，只凭一支笔，就敢不听他的命令，就生气地问道："你打算怎么写呢？"

只见太史伯在竹简上写道："夏五月，崔杼谋杀庄公。"

崔杼一怒之下把太史伯杀了。

太史伯的弟弟太史仲继承了哥哥的史官之职，但他仍然没有按照崔杼的要求改写这段历史，崔杼把太史仲也杀了。继任的太

史叔还是不屈服，也被崔杼杀了。崔杼一连杀了三个太史，心里也有些害怕。

太史季上任了，崔杼让他把写好的竹简拿来，上面还是那句话："夏五月，崔杼谋杀庄公。" 崔杼说："你不爱惜性命吗？"

太史季说："这是我的职责。要是贪生怕死，就不要做史官。即使我不写，你也改变不了事实，以后还会有人写。"崔杼叹了一口气，决定不杀他了。

崔杼杀齐庄公的历史因而被记录了下来。历任史官不畏强暴、秉笔直书的义举也永载史册，为历代世人所传颂。

汉字有源头

甲骨文	战国文字	金文	小篆	繁体楷书	繁体楷书	简体楷书

根据天象变化，用年、月、日来计算时间的方法，叫历法。那么，什么是"历"呢？甲骨文的"历"，上面是两棵整齐排列的禾苗，下面是一个脚，表示从田野中走过。金文增加了字符"厂"，"厂"代指悬崖，所以金文的"历"，表示走过田野和山崖。这表示空间的经过，后来也用于表示时间的经过。表空间经历的写作"歷"，表时间经历的写作"曆"，简化后两者都写作"历"。

历法常常做成印刷品，供人们查阅参考，或是单张，或装订成册。一般一年一页的叫**年历**，一月一页的叫**月历**，一日一页的叫**日历**。放在桌子等台面上的历书，叫**台历**；而挂在墙上的，叫**挂历**。

"历"有经过、走过的意思：见过、做过或遇到的事情，就叫**经历**；经历危险可怕的事情，叫**历险**；到远方去旅游的经历，称为**游历**；一个人的学习经历，叫**学历**；对个人经历所做的简明扼要的书面介绍，叫**简历**；一个国家经历过的事件和活动被系统地记录下来，就是这个国家的**历史**。

事物一个一个排列清楚，可以数出来，叫**历历可数**；远方的景物或过去的事情清清楚楚地呈现在眼前，是**历历在目**；清楚分明，像图画一样，是**历历如画**；某种声音清清楚楚地一直盘旋在耳边，叫作**历历在耳**。

汉字有传承

《夏小正》

夏小正是什么呢？它是一本历法，而且是中国有史料记载以来最早的历法。关于它的来历，要从古人对于时间的认识说起。

古人很早就对时间产生了探究的兴趣，想去揭开时间的秘密。四千年前，夏朝时期，人们就按照天文气候的变化、动植物的生长规律，将一年分成不同的季节，从而安排农业生产劳动和日常生活，并且归纳总结出了一套天文历法，这就是《夏小正》。

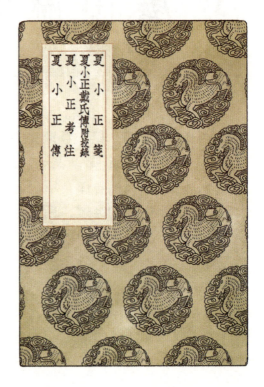

《夏小正》把一年分成十二个月，记录了当时的物象、气象、天象等，反映了先民对时令、气候的朴素认识。它还记录了当时的农

业生产情况，包括谷物、纤维植物、染料、园艺作物、蚕桑、畜牧、采集、渔猎等。从中可知，养蚕和养马是当时十分重要的产业，而且，当时的人们已经开始从蓝草中提取靛蓝作为染料，用来染布，还培育出了梅、桃、杏等水果。《夏小正》中还记录了鼠类、老鹰等动物的活动规律与特点。

总之，《夏小正》对于人们的日常生活有着重要的指导作用，是夏朝的重要文献，也是农历的起源。

汉字有艺术

转动的日历

▲ 铜镀金四象驮跑人日历表

四千多年前，人类就发明并开始使用历书了。随着时代的变迁，日历的形式也不断地发展变化，各式各样的日历给人们的生活带来了极大的便利。下图是一件清代的日历钟表，它不仅能显示日期的变化，还能记录秒数，同时，还可以随着发条的转动演奏音乐。

这个钟表共分三层。最下层的底座上四个角有四只大象，它们驮着一个椭圆形的音乐箱，音乐箱的前后有两幅画，上面有弹奏乐器的镀金人像。

第二层平台，中间有一个圆形的建筑，建筑的周围有两层行走的仪仗队，四个角上有转动的花束。

第三层的圆形平台有四条跃起的鱼尾做支架，托起最上面的钟盘。大钟盘上除了中心秒针，周围还配有四个小盘，上面是走时盘，左边是阳历计日盘，右边是计分盘，下面是计秒盘。最小的计秒盘上标有数字1、2、3、4，小针不停地快速转动，嘀嘀嗒嗒的声响像落下的水滴声，使钟表显得富有生机和活力。背面一个上弦机关，也就是发条，负责走时与打点；音乐箱的右面有两个旋钮，是更换音乐和人物动作的开关。

汉字有经典

黄鹤楼

〔唐〕崔颢

昔人已乘黄鹤去，此地空余黄鹤楼。
黄鹤一去不复返，白云千载空悠悠。
晴川历历汉阳树，芳草萋萋鹦鹉洲。
日暮乡关何处是，烟波江上使人愁。

【译文】

过去的仙人已经乘着黄鹤离开，这里只留下了黄鹤楼。黄鹤飞走后再没有回来，千百年来人们只能看见悠悠的白云。晴朗的汉阳原野上树木清晰可见，芳草繁茂的鹦鹉洲也看得分明。黄昏时分，夕阳西下，哪里是我的家乡呢？江面上烟波弥漫，使人生出无限的忧愁。

早起 **朝** 东方

【谜语】

十月十日要早起。

（打一字）

朝

汉字有故事

朝（zhāo）闻道——周处除三害

古人说："朝闻道，夕死可矣！"意思是，一个人明白了做人做事的道理，并愿意努力去做，哪怕早上才听说，晚上就死掉，也没有什么遗憾。晋代有一个叫周处的大臣，他就是这样一个人。

周处的父亲去世早，母亲十分溺爱他。他身材魁梧，喜欢舞枪弄棒，仗着自己武艺高强，今天拳打李四，明天脚踹张三；骑马打猎的时候，还经常踩坏庄稼。他横行乡里，被乡民们视为祸害，和南山的猛虎、水中的蛟龙一起称为"三害"，而周处是"三害"中最大的祸害。

后来，有人劝说周处去除掉"三害"。周处性子急，听到了前两害，就赶紧先去南山杀了猛虎，又到河里去斩除蛟龙。他与蛟龙在水里激战三天三夜，人们都以为他死了，就互相庆祝，

终于除去了"三害"。就在这个时候，杀死蛟龙的周处从水中出来了，才知道原来自己是"三害"中最大的祸害，于是，他决心悔改。

他去找当时的名人陆云，希望得到指点。陆云告诉他："古人注重道义，认为'朝闻道，夕死可矣'，现在，你已经知道自己错了，就去朝正确的方向努力，你的前途还是一片光明的。而且，你有了志向，又何必担忧好名声不能远扬呢？"

从此，周处改过自新，奋发努力，最终成为历史上有名的将领、忠臣。

汉字有源头

甲骨文　金文　小篆　隶书　楷书

"朝"最早读"zhāo"还是"cháo"呢？我们先看看"朝"的甲骨文吧！这是一个由几丛小草，再加上太阳和月亮组成的画面，意思是太阳刚刚从草丛中升起，月亮尚能见到。这个画面描述的是一天的开始，也就是早晨。到了金文时，"月"字被误写成了"川"；到了小篆，又将"川"误写成了"舟"；隶书时，又将"舟"变回"月"；最后，就变成了现在的"朝"。

这时"朝"的意思是早晨，读作"zhāo"。早晨的太阳是**朝阳**，早晨的露水是**朝露**，早晨的彩霞是**朝霞**。充满了生机和活力、昂扬向上的人，我们说他**朝气蓬勃**；早上说的话，到了晚上又改变了，那是**朝令夕改**；早晨很快就消失，黄昏很快也消失了，一天就这样过去了，时间匆匆而过，所以我们要**只争朝夕**。

古代君王理政、臣下拜见君王都在早晨，于是"朝"引申出朝廷的意思，即君主听政的地方。此时"朝"读作"cháo"。臣子拜见皇帝，是**朝见**；大臣早晨去朝廷拜见帝王，叫作**早朝、上朝**；君臣在朝廷共商国家大事、发布政令，那是**朝政**。臣子拜见君主的方向都比较固定，由此"朝"又引申出"朝向、对着某个方向"之义。面朝着太阳，是**朝阳**；面朝着北方，是**朝北**；面向前面一直走，叫**朝前走**；转向后面看一看，叫**朝后看**。

汉字有传承

花朝（zhāo）节时动京城

阳春三月，大地回暖，万物复苏，一个个待放的花苞朝向东方，悄悄积蓄着能量，等待着绽放亮丽、绚烂的花朵。感动于春花的美丽，古代先人们为迎接百花盛开的日子，定下了花朝节。

传说，女皇武则天非常喜欢花朝节。每到花朝节，她都命令宫女到花园采集百花，与米一起捣碎，然后蒸制成各种颜色、香味各异的花糕，赏赐给大臣。于是，做花糕、吃花糕成为风尚，并流传至今。

到了宋朝，大诗人杨万里在《诚斋诗话》中记载，都城开封每年的二月十二日是花朝节。南宋的吴自牧在《梦粱录》中则说是二月十五日为花朝节。现在，花朝节一般在农历二月初二、二月十二或二月十五举行。

宋朝时，花朝节最为兴盛，人们会进行踏青、游春、赏花、扑蝶、挑菜等多种多样的游玩活动。除了游玩，政府官员还会到农村做宣传，劝勉农家及时耕作，以确保秋天的收获。当然，最重要的事就是祭拜花神，祈求花神能将更美的花放归人间。

快乐的岁朝

正月初一是一年的开始，又叫作岁朝。为了纪念这一天，画家会创作岁朝（cháo）图，来预祝新的一年万事吉利。清代时，每逢新春，宫廷画师们便要按时上交一些"年例画"，用来给皇宫做春节装饰。擅长绘画的皇亲贵胄、朝廷大臣们也会献给皇帝一些绘画，恭贺新禧。有时皇帝也举行"开笔式"，亲自绘制岁朝图，表达新年的喜悦和祝福。

这幅《乾隆帝岁朝行乐图》就是一幅岁朝图，画面上有白雪

▲ 清　郎世宁等《乾隆帝岁朝行乐图》

覆盖的远山、重重叠叠的宫院、苍翠的松柏、绽放的梅花。画面里，乾隆皇帝手拿一个如意，坐在房檐下的走廊烤火；皇子们正在不远处嬉戏，一个皇子手拿枝条，一个皇子手拿玩具，一个皇子正在燃放鞭炮。皇家宫院里，仿佛能听到一派热烈喜庆的节日喧闹之声，没有了朝堂之上的威严，只有一个老人在和善地看孩子们玩闹，呈现出一派吉祥如意的情景。

这幅画是由中西画家联手创作的，意大利传教士、宫廷画家郎世宁画乾隆帝，中国画家沈源、丁观鹏等人画小童、房舍、树木。他们巧妙地将西方逼真写实的画风与中国传统写意画的审美融为一体，是中西画合璧的典范。

汉字有经典

长歌行

[汉] 乐府诗

青青园中葵，朝露待日晞。
阳春布德泽，万物生光辉。
常恐秋节至，焜黄华叶衰。
百川东到海，何时复西归？
少壮不努力，老大徒伤悲。

【译文】

园子中的葵菜郁郁葱葱，清晨的露珠等待着阳光的照耀。春天，阳光雨露洒满大地，万物都焕发出勃勃生机。时常担心肃杀的秋天会来到，让树叶黄落，让百草凋零。河流奔腾，向东流入大海，它们何时才能返回西方？少年人如果不奋发努力，到老时再伤悲也只是徒劳了。

今夕是何夕

汉字有故事

金台夕照

北京地铁10号线有一站叫金台夕照，从这一站下车，D出口右行不远，即可看到一座大厦。夕阳西下的时候，太阳那黄灿灿的余晖会洒在大厦及大厦周围的花草树木上。大厦旁的广场中间，有一座高大斑驳的石碑，上面写有"金台夕照"几个大字，下面还有一行"乾隆辛未初秋御笔"的小字。原来，这是清朝乾隆皇帝亲笔书写的石碑，而这里就是燕京八景之一——金台夕照的旧址。石碑的四角和底座上那破损的凿痕，仿佛在讲述一个古老的故事。

战国时期，燕昭王为了招贤纳士，在都城筑了一个黄金台，台上放着黄金，作为赠送给贤士的见面礼，因此名将乐毅、剧辛等先后投奔了燕国。后来，黄金台上虽然已经不再放置黄金，但黄金台地势较高，夕阳西下时，这里仍然金光四射，成为人们观赏夕阳余晖的胜地。随着时代的变迁，明朝时，黄金台早已没有当年的盛景，仅有诗人偶尔来这里怀古赋诗。

清朝时，乾隆皇帝将八景钦定为太液秋风、琼岛春阴、金台夕照、蓟门烟树、西山晴雪、玉泉趵突、卢沟晓月、居庸叠翠，并写诗记述，刻立石碑。金台夕照碑的背面，还刻有乾隆的诗作："九龙妙笔写空蒙，疑似荒台西或东。要在好贤传以久，何妨存古托其中。豪词赋鹜谁过客，博辩方盂任小童。遗迹明昌重校检，睾然高望想流风。"

如今，黄金台虽然不在了，但夕照仍辉煌，岁月绵延长。

汉字有源头

| 甲骨文 | 金文 | 小篆 | 楷书 |

夕阳指的是快要落山的太阳，可是，甲骨文的"夕"怎么像一弯月亮呢？这是因为这时太阳西下，月亮将接替太阳继续为大地照明，月牙的中间还有一个小点表示月光，预示着夜晚即将来临。

"夕"既指傍晚，也指夜晚。那些特别重要的夜晚，也是以"夕"来命名，如：大年三十的夜晚，叫**除夕**；正月十五元宵节，人们在晚上张灯结彩，猜谜游乐，所以元宵节又叫**灯夕**；正月十五也被称为上元节，所以又叫**元夕**；七月初七牛郎织女相会的夜晚，则是**七夕**。

黄昏时分，夕阳中的晚霞别有一番灿烂与美丽，像是在告别，又像是在告诉人们，深沉的夜晚即将来临。夕阳给人以无限的想象，所以，唐代诗人李商隐感叹："夕阳无限好，只是近黄昏。"晋代诗人陶渊明说："道狭草木长，夕露沾我衣。"元代戏曲家马致远说："夕阳西下，断肠人在天涯。"而宋代诗人苏轼仰天长问："不知天上宫阙，今夕是何年。"明代的才子杨慎则说："青山依旧在，几度夕阳红。"

汉字有传承

七夕节

农历的七月七日，是中国传统的七夕节。说起七夕节，人们自然会想起牛郎织女的故事。

传说，古时候有一个孤儿，以放牛为生，每天与牛相依相伴，牛就像他的亲人一样，人们叫他牛郎。牛郎长大了，在老牛的指引下，来到一个湖边，遇见了美丽的织女。织女是天上王母娘娘的外孙女，是天上手最巧的姑娘，她能织出像彩霞一样的锦缎。牛郎喜欢心灵手巧的织女，织女也喜欢善良且淳朴勤劳的牛郎，两人便结为夫妻。从此，牛郎在田地里耕种，织女在家里织布，两个人过着男耕女织的幸福生活，生下了两个可爱的孩子。

王母娘娘发现织女逃离天宫去了人间，就派天兵天将四下寻找。终于，有一天，天兵发现了织女，强行将她带走。牛郎挑着两个筐，筐里装上两个孩子，又披上老牛的牛皮，飞上天去追赶织女，眼看就要追上了，王母娘娘拿出一个发簪，在牛郎眼前一划，一条宽宽的天河挡在了牛郎面前。从此，牛郎就在天河的这边，织女在天河的那边，他们只能隔河相望，时间长了，就成了天上的牛郎星和织女星。

农历七月初七夜晚，会有一群群喜鹊飞到天河上搭起一座

　　"鹊桥"，让牛郎织女在桥上相会。传说，这一天，人间的喜鹊会少很多，因为它们都到天河那儿搭桥去了。

　　而这一天，也就成了七夕节。七夕的夜晚，女孩们会在庭院里摆上各种各样的乞巧果子，朝着天空中的织女星祭拜，希望能像织女那样心灵手巧，因此，七夕节又叫乞巧节。

汉字有艺术

七夕来乞巧

▲ 清　佚名《缂丝七夕乞巧图轴》

　　古人是怎么过七夕节，又是如何乞巧的呢？

　　这幅画描绘的就是七夕节的情景：楼阁高大宽敞，院子里摆着桌几，桌几上放着时令果蔬，一个女子从院门进来，手中端着盘子，盘中放着食物；桌几后，一个女子手捧器物，像是在向空中祭拜。稍低的敞亭中，有两个女子，也像是在向空中祭拜、乞巧。二层的楼阁上，两名女子凭栏远望，手中还有织绣的衣物。星空中，云朵飘飘，牛郎骑牛而来，织女也踏云而至。

这是一件清朝的缂（kè）丝作品。那生动形象的人物风景，整齐匀称的亭台楼阁，都是用丝线在专门的织机上织出来的，而且针法细腻，颜色丰富，和谐自然，仿佛一幅中国传统的水墨画，精致而灵动。其中的亭台楼阁、卷帘、卧榻和墙壁等，完全是按照建筑物的实际比例描绘的，照着这个图，完全可以复原建造出真实的楼阁。

汉字有经典

登乐游原

[唐] 李商隐

向晚意不适，驱车登古原。
夕阳无限好，只是近黄昏。

【译文】

傍晚时分，心情不愉快，于是，驾车登上乐游原。夕阳下的景色多么美好呀，只可惜已经是黄昏了。

会有东风来

东

汉字有故事

诸葛亮借东风

东汉末年，皇权越来越弱，地方军阀各据一方，出现了袁绍、袁术、刘表、吕布等霸主，以及后来以孙权为首的东吴、刘备为首的蜀汉等军事集团，形成了多方混战的混乱局面。当时曹操为东汉的丞相，他以皇帝的名义出兵，在铲除了袁绍、袁术等人后，他开始讨伐东吴和西蜀。于是，东吴和蜀汉建立统一战线，联合抗击曹操，东吴大将周瑜是反击战的总指挥，蜀汉的谋士诸葛亮来配合。

曹操把军营驻扎在长江边上，诸葛亮与周瑜共同商定了火攻曹营的计划。但是，许多天来，江上一直刮西北风，用火攻不但烧不着曹兵，反而会烧到自己。周瑜因为没有东风而闷闷不乐，病倒在床上。诸葛亮知道后，给周瑜写了一封信，周瑜打开一看，只见上面写着：欲破曹兵，宜用火攻。万事俱备，只欠东

风。周瑜问诸葛亮有什么办法，诸葛亮说他能借来东风，让周瑜为他搭起九尺高的七星坛，然后在坛上作法。到了十一月二十日这天，果然刮起了东南风。借着东风，孙刘联军火烧曹营，击退了曹军的进攻。

诸葛亮真的能施法借来东风吗？当然不是。但是，诸葛亮通晓天文地理，通过勘察地势形态和观察动植物的变化，经过推算，他预测出十一月二十日会刮东南风。所以，那一天，无论诸葛亮作不作法，都会有东风刮来。

汉字有源头

| 甲骨文 | 金文 | 小篆 | 繁体楷书 | 简体楷书 |

甲骨文的"东"像一棵树，树中间是一个太阳，表示太阳刚升到树中间，也就是太阳升起的地方——东方。

东边的门，叫**东门**；东边的山，叫**东山**；东边的山坡，是**东坡**。宋代有个喜欢在东坡上种田的诗人，自称**东坡居士**，他就是苏轼；他喜欢美食，他创制的红烧肉风味独特，被叫作**东坡肉**。家里来了客人，请到客厅里坐下交谈、就餐，主人一般坐东边的座位，客人坐西边的座位，所以，主人也叫**东、东道主、东家**。

可是，表示方向的"东西"又怎么指物品的"东西"了呢？有人从文化的角度来解释，说东汉时，商人大都集中在东京洛阳和西京长安，俗语有"买东"或"买西"的说法，也就是到东京洛阳和西京长安买货，所以"东西"成为货物的代称。有人从修辞学的角度说，物产来自东西南北，用"东西"来借代来自东西南北的物品。也有人从汉字的角度来解释，说甲骨文的"东"像是两头系住的装着物品的口袋，所以是"东系"，久而久之，就变成了"东西"。

汉字有传承

东林书院

在江苏无锡的东侧有一个东林书院，书院建于北宋时期，当时的文化名人程颢、程颐和他们的学生杨时，在这里讲学，宣传自己的理学思想。到了明朝，著名的文化学者顾宪成等人重修东林书院，在这里聚众讲学，传播自己的政治主张，倡导"读书、讲学、爱国"的精神，全国学者纷纷响应，东林书院成为江南地区文人荟萃之地，也是议论国事的舆论中心。

东林书院还发起东林大会，制定《东林会约》，规定每月举行一次小会，每年举行一到二次大会。顾宪成等人既讲学又议政，吸引了许多有志之士，包括一些因批评朝政而被贬斥的官吏。他们纷至沓来，人多的时候，书院的学舍都住不下。渐渐地，朝廷中也有人与之遥相呼应。东林书院声名远播，而那些被批评的人，也十分忌恨顾宪成等人，称他们为东林党。

但顾宪成不为所动，还为书院撰写了一副对联："风声雨声读书声声声入耳，家事国事天下事事事关心。"这副对联表达了一个文人的担当与责任、情怀与志向，因此成为家喻户晓的名言，激励着许多知识分子为中华文明的发展进步而努力。

如今的东林书院，成了家风教育和传统教育的基地，无数的青年学子到这里来重温先贤风采。

了不起的汉字

东山报捷

魏晋南北朝时期，东晋和前秦之间发生了一场著名战役——淝水之战。东晋的总指挥是谢安，他任用自己的侄子谢玄负责长江下游江北一线的军事防守，当时的晋军只有八万人，敌方前秦的军队却有九十万之多，双方实力悬殊。但是，谢安从容不迫，精密谋划，合理调度，沉着应战，最终出奇制胜，把苻坚的近百万大军彻底打垮。当捷报传来时，谢安正在下棋，看完捷报，他继续和朋友下棋。朋友询问前线的战况，他淡淡地说："没什么，小孩子把敌人打败了。"

◀ 吴之璠黄杨木雕东山报捷图笔筒

　　这个黄杨木雕笔筒刻画的就是战争胜利后，谢玄派人向谢安报捷的场景。依着山崖，一棵高大苍翠的松树下，三位老者围坐在石桌前，三位侍女站立一旁。正在下棋的谢安，谈笑自若，神态高雅，气定神闲，一副胸有成竹的样子，充满了必胜的信心。笔筒的另一边，两个士兵骑着战马飞奔而来。一人手中举旗，脸上满是胜利的喜悦；一人侧身手指前方，像是一边询问战况，一边引路。一边是谢安的静，一边是飞奔战马的动，两者形成鲜明的对比，却又相互呼应，融为一体。山间一侧的石壁上还刻有一首乾隆皇帝的诗。

　　这件竹雕的作者是清代书画家、竹刻家吴之璠（fán），当时人称嘉定竹雕第一高手。他用一个小小的笔筒，将谢安的气势与胸怀展现了出来，细腻入微的雕刻手法，让人物形象栩栩如生。

汉字有经典

九月九日忆山东兄弟

［唐］王维

独在异乡为异客，每逢佳节倍思亲。
遥知兄弟登高处，遍插茱萸少一人。

【译文】

　　独自一人生活在异乡，感觉像是一个客人，每当节日来临时，就更加思念家中的亲人。遥望远方，想到兄弟们一起游玩登高，他们插茱萸的时候，也会叹息少了我吧。

城西有西门

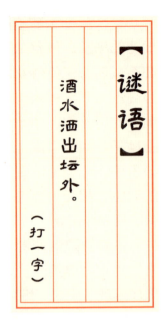

汉字有故事

西门豹治邺

　　西门豹是战国时期魏国人。魏王派他到邺城做地方官。到了邺城，他发现这里人口很少，田地荒芜，十分冷清。通过调查才知道，原来这都是给河伯娶妻闹的。河伯是漳河的河神，他每年都要娶一个年轻貌美的女子，否则就会发大水，淹没田地庄稼。负责给河伯娶妻的是巫婆和乡绅，巫婆选中的女子被放到河上，送到河伯那里，没有选中的女子则要出钱出物，给河伯办喜事。因此，这里的人越来越少，越来越穷。

　　西门豹识破了巫婆和乡绅的阴谋，将计就计，借着给河伯娶妻的时机，巧妙地惩治了巫婆和乡绅，让他们再不敢借着给河伯娶妻来伤害老百姓和搜刮老百姓的钱财。

　　此外，西门豹还带着老百姓一起治理漳河，解决了长久以来漳河水的泛滥问题，让田地变得肥沃，从而使庄稼丰收。邺地从此变得富裕起来，成为魏国的东北重镇。

汉字有源头

甲骨文　　　金文　　　小篆　　　楷书

　　既然"东"是太阳升起的方向，那么，相对地，"西"对应的就是太阳落下的方向。太阳落山之时，劳累了一天的人们回到家中，捕食一天的鸟也飞回鸟巢。所以，甲骨文的"西"，形状像鸟巢，用鸟巢来代指太阳落山的方向。

　　北京西郊，群山连延，有百花山、妙峰山、香山等，总称为**西山**。在杭州市的西部，有一处三面环山的湖区，风光秀丽，景色宜人，叫**西湖**。从西北边刮来的风，叫**西北风**。南北朝时期，一种椭圆形、多汁、肉甜的大型藤蔓瓜果，从西域传到了中国，被称为**西瓜**。欧美国家位于中国的西方，与中国有着不同的风俗习惯、文化爱好，被称为**西方国家**；从西方国家传来的自然科学和社会科学，称为**西学**；他们吃的饭，叫**西餐**；他们的医学，叫**西医**；他们的画，叫**西画**。

　　太阳落西方，意味着白天就要结束了，所以，"西"又表示结束、生命的终结，是死去的一种委婉说法，如**上西天**、**一命归西**、**驾鹤西游**等。

汉字有传承

西泠印社

　　在杭州西湖有一处叫西泠的地方。清朝末年，浙江一带的书画家和篆刻家经常在这里集会，研究交流篆印、书画，他们就成立了西泠印社，第一任社长就是当时著名的艺术大师吴昌硕。

西泠印社虽然是一个民间学术团体，但有着大文化团体的历史担当。1921年，一块浙江余姚出土的汉代三老碑被古董商辗转运到上海，准备以高价卖给一个日本古董商。这个汉代三老碑是东汉时期的石碑，上面记录了石碑主人祖先的名字和忌日，是研究东汉时期社会风俗与文化风尚的重要文物。石碑上的书法，不仅笔法遒（qiú）劲有力，而且富于变化，既有篆书的圆笔曲线，也有隶书的波浪动态变化，是篆书向隶书过渡阶段的文字，对研究汉字和书法的发展有着极高的价值，因此，被称为"两浙第一碑""东汉第一碑"。

眼看这样一件国宝级的文物要流落到异国他乡，西泠印社的成员们自觉发起了一场护宝运动。他们纷纷慷慨捐款，并积极呼吁各界募集资金，最终将三老碑购买回来。他们在西泠印社筑建起一处石室，用来放置石碑，三老碑从此成为西泠印社的镇社之宝。

西泠印社不仅是西湖的一处风景，还是中华文化的一处标志，在百年的风风雨雨中，不摇不动。

汉字有艺术

西湖绸伞

常言说：上有天堂，下有苏杭。去天堂一样美丽的杭州游玩，一定要去的地方当然是西湖啦。走在如诗如画的西湖边，自然不能少一件必备的道具——西湖绸伞。西湖绸伞是用杭州丝绸做伞面、用杭州淡竹做伞骨、用西湖风景做装饰图案制成的伞，既美观又实用，既可以遮风挡雨，也可以遮阳防晒。

杭州西湖绸伞始创于1932年，当时杭州织锦业有一位代表人物叫都锦生，他从日本绢伞中受到启发，采取中国传统的套合技艺，用杭州的丝绸、风景、竹子做原料，以刷花、彩绘和刺绣等工艺进行图画装饰，创制出了题材多样、工艺精细、鲜丽秀雅的西湖绸伞。

如此精致的西湖绸伞，制作工艺更是非常复杂，完成一把伞一共要经过十八道工序——选竹、伞骨加工、伞面装饰、串线、装杆、钉扣等，每一道工序都有极其严格的技术标准。因此，每一把西湖绸伞都是一件独特的艺术品。

汉字有经典

饮湖上初晴后雨

［宋］苏轼

水光潋滟晴方好，山色空蒙雨亦奇。
欲把西湖比西子，淡妆浓抹总相宜。

【译文】

阳光照耀下的西湖水波荡漾，光彩熠熠，一切都刚刚好；阴雨绵绵时，远处的山笼罩在雨雾中，时隐时现，朦胧的景色是如此奇妙。如果把西湖比作美丽的西施，无论是淡妆还是浓妆，总能十分适宜。

变来变去的 易

【谜语】

早上请勿来。

（打一字）

易

汉字有故事

长安居大不易

　　十五六岁的白居易，风华正茂，怀抱着一腔豪情，携带着自己的诗文，独自一个人离开家乡来到了都城长安。他来长安的目的，一是准备参加科举考试，二是见见世面，结交一些文化名人。白居易出生于一个地方官员家庭，从小就饱读诗书，五六岁时已开始学习写诗。所以，长安之行，他满怀信心，对前途充满了无限的憧憬。

　　来到长安之后，白居易带着自己的名帖和诗册，前去拜访当时的大诗人顾况。顾况一开始看到名帖上的"白居易"三个字后，调侃地说："米价方贵，居亦弗易。"意思是，长安的米价正贵着呢，在这里居住可不大容易呀！接着，他随手翻开诗册，看到一首诗："离离原上草，一岁一枯荣。野火烧不尽，春风吹又生。"（《赋得古原草送别》）看完以后，他不

禁大声赞叹："有这样的诗句，在长安居住不难了。"

在顾况的举荐下，白居易的诗名很快便在长安传开了。后来，白居易又考取了进士，受到皇帝的重视和提拔，做了翰林学士。

后来，人们就用"长安居大不易"比喻居住在大城市，生活不容易维持。

汉字有源头

| 甲骨文 | 金文 | 小篆 | 楷书 |

甲骨文的"易"，右边是一个倾斜的杯子，左边是水滴，像是容器里的水满了，向外溢出来的样子，以此表示变化、变动的意思。金文字形，变得像一只飞鸟；小篆的"易"字比金文的"易"字整齐了许多，由此演变为现在的"易"字。

"易"有变化、交换的意思。所以，将一种物品与别的物品进行交换，叫**以物易物**；从商店里用钱买了一件衣服，叫**交易**；将中国的茶叶和丝绸运到国外去卖，再从国外买回来珠宝和油画，那是**对外贸易**；一年四季，从秋冬到春夏，季节不断地变换，气温从冷到热，那是**寒暑易节**；中国有一部专门研究事物变化规律，并对未来事态发展进行预测的书——《**易经**》。

"易"还有容易、省力的意思。伸手就能拿到一个杯子，这叫**轻易**；好像把手翻过来一样简单，叫**易如反掌**；一眼就能看出来、看明白的事，是**显而易见**；有的道理很简单，但去做的时候很难，是**知易行难**；而有的时候恰恰相反，明白道理很难，做起来却很简单，这叫**知难行易**。

汉字有传承

孔子读《易经》

孔子是春秋时期的思想家、教育家，他十分喜欢读《易经》。那时还没有纸张，书多是用竹子做的，要先将竹子劈成一块块竹片，然后用火把竹片烘干，每个竹片只能写一行字，这样一篇文章就要写上几块甚至几十块竹片，再用线或牛皮绳子把竹片编起来，就是竹简。竹简打开就像一个长方形的竹席，卷起来就像一个竹筒，这样的竹简书比现在的书可沉多啦。

孔子反反复复地把《易经》读了许多遍，一遍遍地熟知内容，一遍遍地划注重点，一遍遍地添加注释，就这样，编竹简的牛皮绳子都被磨断了好几次，这就是成语"韦编三绝"的来历。尽管如此，孔子还是说："如果多给我几年的时间，到五十岁时再专心研究《易经》，就不会有大的过错了。"虽然他没有到达自己理想的境界，却在学习的过程中对《易经》进行了整理，写了《易传》，与他整理的《诗》《书》《礼》《乐》及他撰写的《春秋》，一起称为"六经"。

《易经》是一本什么样的书？为什么能让孔子如此着迷呢？传说《易经》是周文王写的，内容主要是六十四卦和三百八十四爻（yáo），还有卦和爻的说明，是古人占卜用的书。其实，它是先民对于自然现象、社会现象，以及人自身的生理现象的认知，在这些认知基础上指导人们预测未来，躲避危险。

汉字有艺术

秋窗读易

喜欢读《易经》的人，不仅有孔子。看，这儿也有一个读

《易经》的人。这幅《秋窗读易图》画的是这样一幅情景：淡淡的远山，一条缓缓流动的清澈小河，河边两株高大的松树以及低矮的树丛被秋色染得或黄或红；一处围着篱笆的小院，书房窗下，一个男子倚桌而坐，沉静地思考着，桌上有一本展开的书卷，书卷旁是整齐有序的笔墨纸砚。门外一个书童静静地站立着，仿佛怕打扰主人的沉思，又仿佛时刻等待着主人的召唤。整个画面在一片湖光山色之中呈现出一股淡淡的秋意，氛围优雅闲适，让人一下子进入一种幽远的境界，与主人一起沉静起来。

▲ 宋　刘松年《秋窗读易图》

这幅画的作者是宋代宫廷画家刘松年，他非常善于画山水人物，擅长用精细的笔墨表现出深浅的变化，并且能巧妙地运用颜色搭配，使画面显得典雅艳丽。他特别喜欢画西湖风景、茂密树林、挺拔翠竹、清明山丘等小景，他的画被人们称为"小景山水"。但他的小景却能折射出大的背景，体现出他的宽敞心胸和淳厚境界。

汉字有经典

于易水送别

〔唐〕骆宾王

此地别燕丹，壮士发冲冠。
昔时人已没，今日水犹寒。

【译文】

荆轲在这个地方告别了燕国的太子丹，站在易水边，他慷慨高歌，愤怒得头发直竖，把帽子都顶起来了。那时的英雄豪杰们早已不在了，今天的易水还像当年那样寒冷。